【文庫クセジュ】

ベルベル人

歴史・思想・文明

ジャン・セルヴィエ著
私市正年／白谷望／野口舞子訳

白水社

目次

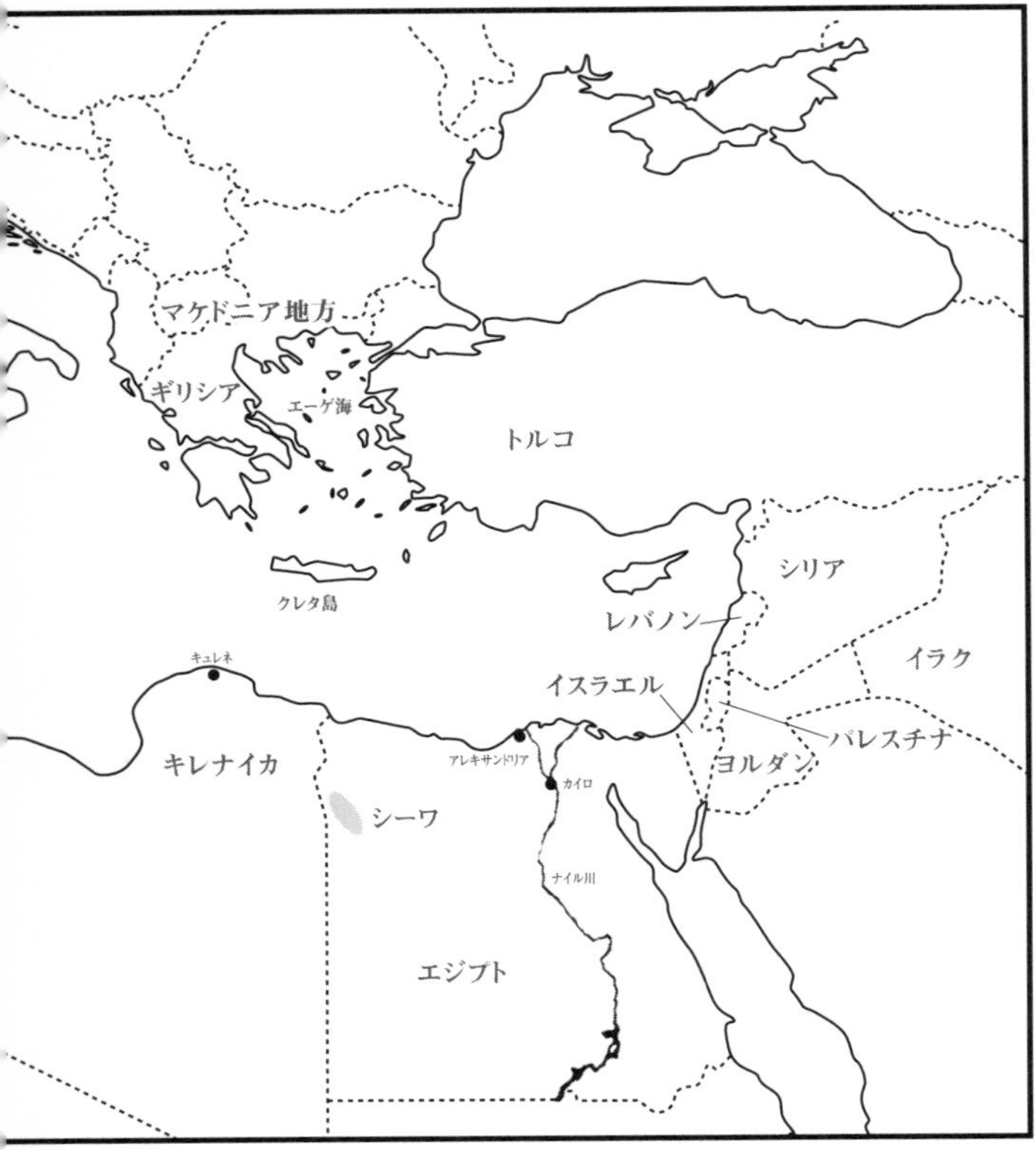

マケドニア地方
ギリシア
エーゲ海
トルコ
クレタ島
シリア
レバノン
イラク
キュレネ
イスラエル
パレスチナ
キレナイカ
アレキサンドリア
ヨルダン
カイロ
シーワ
ナイル川
エジプト

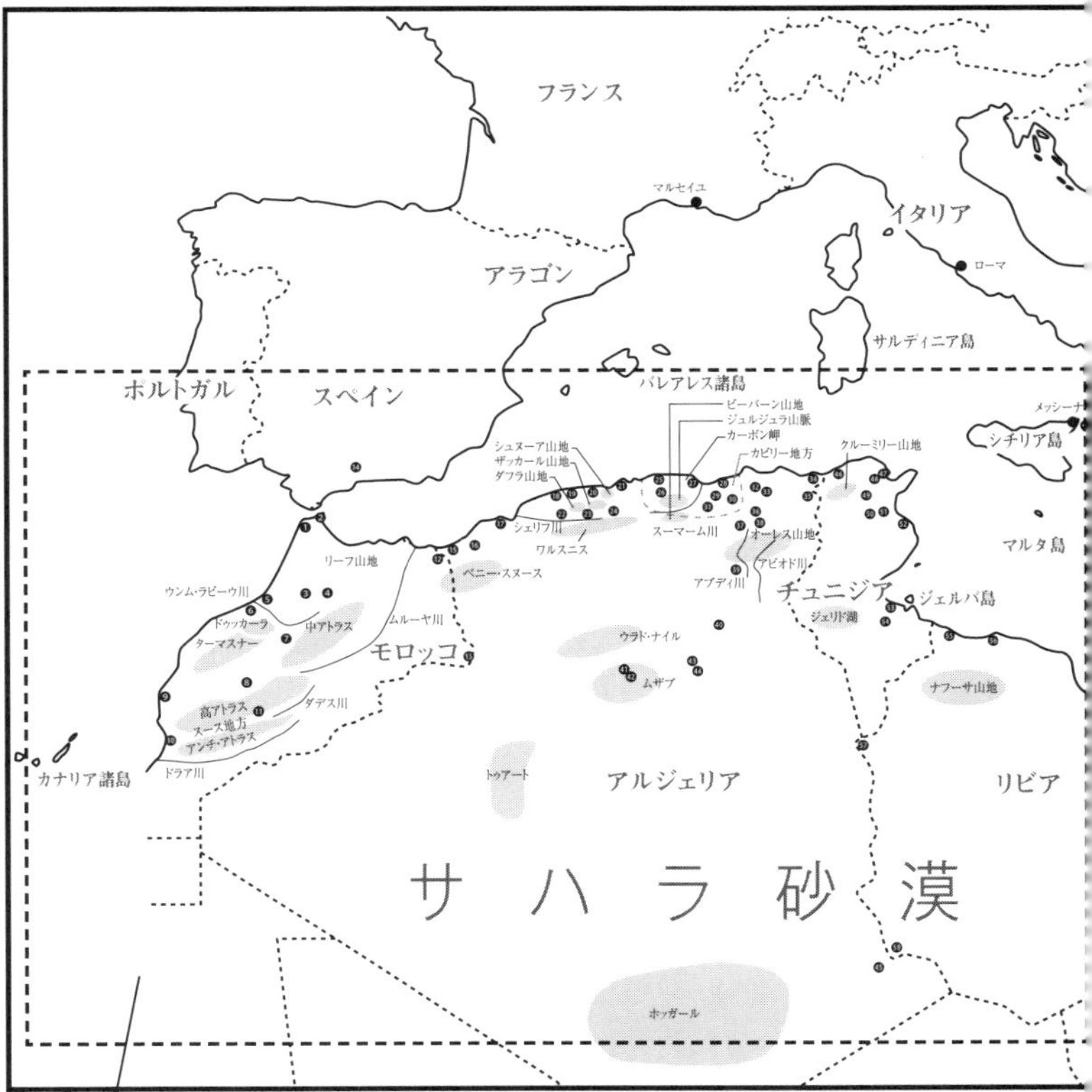

この部分の拡大図は次ページ参照。

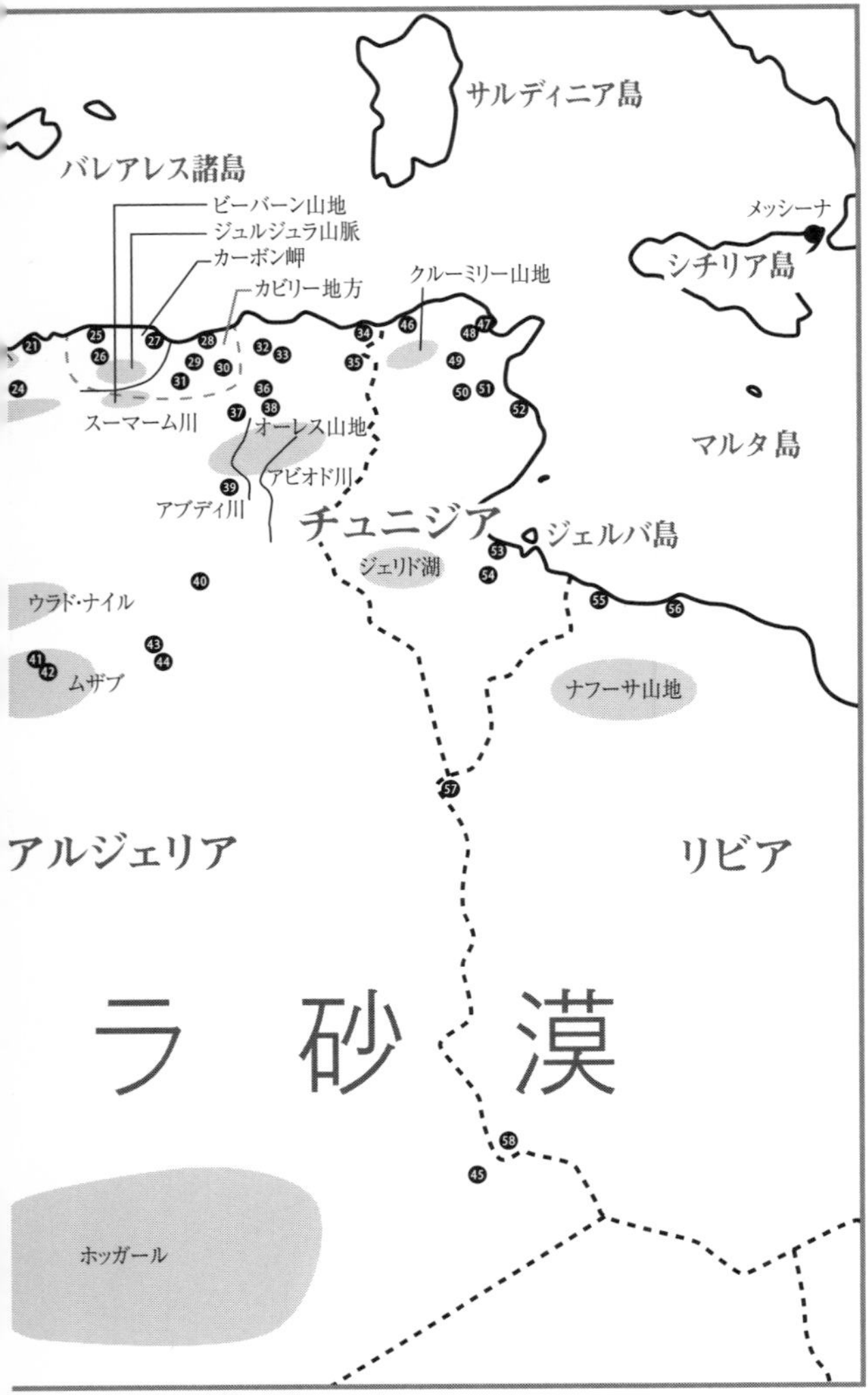
サルディニア島
バレアレス諸島
ビーバーン山地
ジュルジュラ山脈
カーボン岬
カビリー地方
クルーミリー山地
メッシーナ
シチリア島
スーマーム川
オーレス山地
アビオド川
アブディ川
マルタ島
チュニジア
ジェルバ島
ジェリド湖
ウラド・ナイル
ムザブ
ナフーサ山地
アルジェリア
リビア
ラ 砂 漠
ホッガール

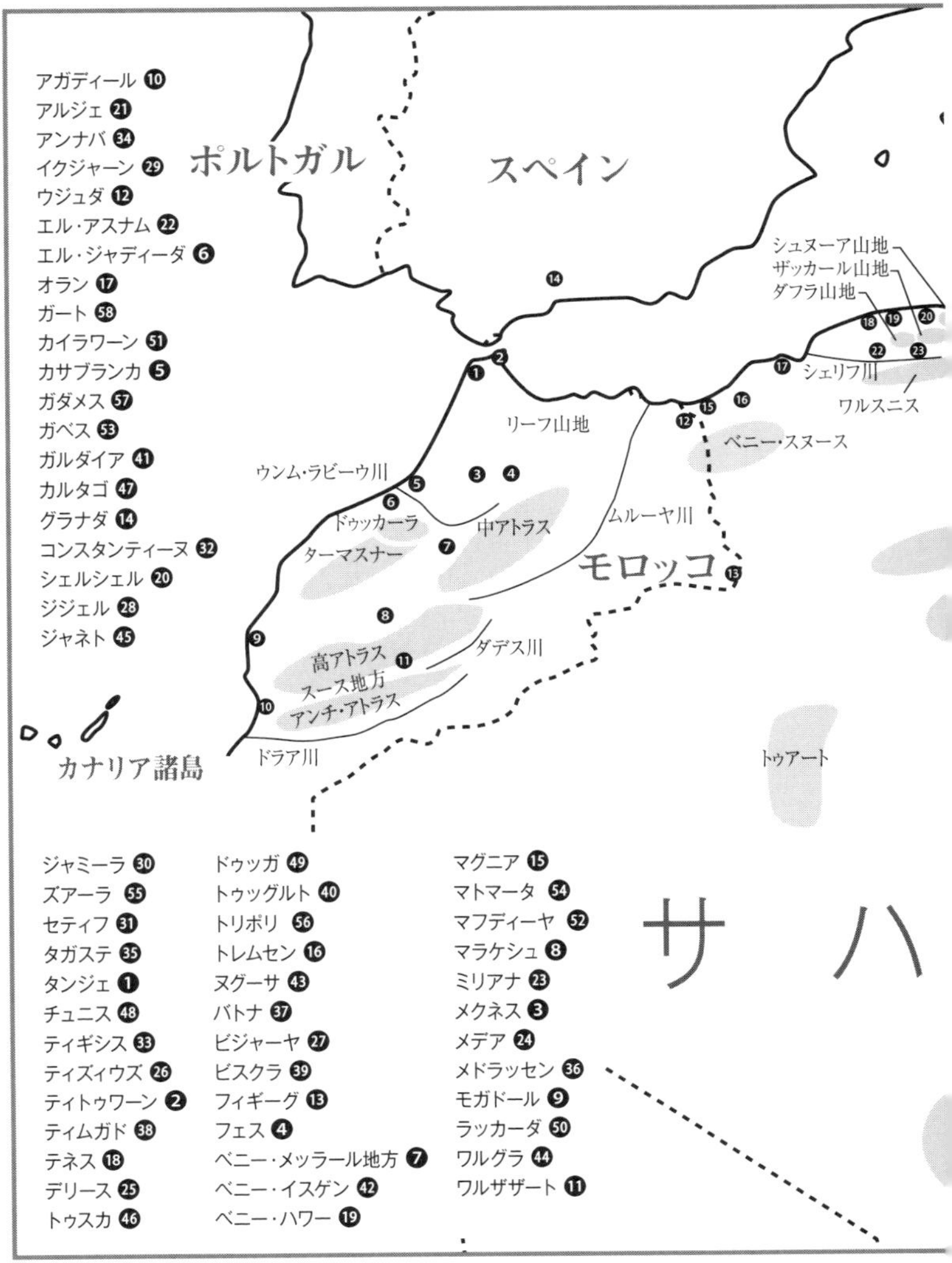
アガディール 10
アルジェ 21
アンナバ 34
イクジャーン 29
ウジュダ 12
エル・アスナム 22
エル・ジャディーダ 6
オラン 17
ガート 58
カイラワーン 51
カサブランカ 5
ガダメス 57
ガベス 53
ガルダイア 41
カルタゴ 47
グラナダ 14
コンスタンティーヌ 32
シェルシェル 20
ジジェル 28
ジャネト 45
ポルトガル
スペイン
シュヌーア山地
ザッカール山地
ダフラ山地
シェリフ川
ワルスニス
リーフ山地
ベニー・スヌース
ウンム・ラビーウ川
ドゥッカーラ
中アトラス
ムルーヤ川
ターマスナー
モロッコ
高アトラス
スース地方
アンチ・アトラス
ダデス川
ドラア川
カナリア諸島
トゥアート
サハ
ジャミーラ 30
ズアーラ 55
セティフ 31
タガステ 35
タンジェ 1
チュニス 48
ティギシス 33
ティズィウズ 26
ティトゥワーン 2
ティムガド 38
テネス 18
デリース 25
トゥスカ 46
ドゥッガ 49
トゥッグルト 40
トリポリ 56
トレムセン 16
ヌグーサ 43
バトナ 37
ビジャーヤ 27
ビスクラ 39
フィギーグ 13
フェス 4
ベニー・メッラール地方 7
ベニー・イスゲン 42
ベニー・ハワー 19
マグニア 15
マトマータ 54
マフディーヤ 52
マラケシュ 8
ミリアナ 23
メクネス 3
メデア 24
メドラッセン 36
モガドール 9
ラッカーダ 50
ワルグラ 44
ワルザザート 11

凡例

・（ ）は著者によるもの。訳の補いは〔 〕とした。
・参考文献目録にはフランス語テキストには掲載されていない文献（関連する日本語文献など）や表記（著者名や書名などの加筆）が必要に応じて加えられている。
・フランス語テキストにおける一段落が長い場合、訳文を読みやすくするために段落を分けたところもある。
・年代や人名など明らかな間違いと思われるものは、とくに断らずに訂正をした。

第一章　日没の島

我われは、ベルベル人というのが、常に、強く、恐るべき人びとであり、勇敢で多数の集団から構成されていたということを証明する一連の事実を述べてきたと思う。彼らは、この世におけるアラブ人や、ペルシア人、ギリシア人、ローマ人らと同様に真の民族なのである。〔＊ハルドゥーン、第一巻・199頁〕

アラビア語の「ジャズィーラ・トゥル・マグリブ」――日没の島――という言葉はアフリカのこの地域のことを巧みに表現している。本書で叙述するのはこの地域に太古から住んでいる人びとについて、である。

この島は、確かに、地中海とサハラ砂漠に囲まれている。島が、わずかな漂着物だけを受け入れ、たまに難破船を迎え入れる状況にあるならば、その島はこの言葉の語源学的意味が示すように「孤立」して存在しうるだろう。他方で島は、海上交易の必要不可欠な停泊地や戦略的な基地になることで、さまざまな運命を体験することもある。島は、それぞれの歴史において、対立する帝国の激しい奪い合いの対象になったり、絶えず新しい民族や文化と混ざり合う体験をしてきたりした。

「ジャズィーラ・トゥル・マグリブ」、すなわち日没の島もこのような島なのである。その運命は地中海の北と東から到来した人びとによって織り上げられてきた。

マグリブの地形は、海岸に平行した山脈を有し、はるか東方の彼方へと延びる一続きの大通りのような姿をしている。複数の褶曲山脈の間には、肥沃な大平原が形成され、その背後には砂丘が広がっている。太古の昔から、この肥沃な大平原の魅力に惹かれて、オリエントの飢えた人びとがこの地にやって来た。同時に、多くの避難所をもった入り組んだ海岸は、地中海オリエント地域やエジプトの国々からの航海者を迎え入れてきた。それに加えて、旅人の内陸への通行を容易にした河川についても言及する必要があろう。彼らは、新たな富を求めて海岸から内陸部の奥へと進入していった。海から来た商人たちは、多くのワジ〔ワディ〕――川床はしばしば涸れているが、水流は海岸にまっすぐに注いでいる――によって海と繋がった河川を通行路として用いて内陸へと入っていった。彼らは船を安全な避難所に厳重な見張りをつけて残しておいた。河口の海岸に面した小島がしばしば船の避難所として使われた。

マグリブ海岸は、ナイル・デルタとリビア海岸の先、地中海の西方地域に広がっており、〔チュニジア海岸の港町〕ガベスからは北へと上っている。このガベスは、地中海東岸の三分の一を支配下に収め、さらに地中海岸を南へ、西へと進出してきたフェニキアと対峙し、またカルタゴ建国後はその領域の海岸の一部をなした港町である。

スペインにまで達するこの日没の島は、ヘラクレスの二本の柱[1]の一つを支え、またその柱の間を抜けると、錫の島々へと至る大海の道や、また今日では、大西洋と地中海を結ぶ航路が開けている。

大カトー[2]が、カルタゴの庭園で摘んだ一握りの新鮮なイチジクを元老院に差し出したのは、地中海のヨーロッパにとって、さまざまな観点や理由からマグリブは地理的に黒人のアフリカよりも近くにある、ということを示すためであった。

マグリブのもう一つの特徴は、外来民族の寄与の大きさである。すなわち、近隣の文明圏から来た人びとの文化的貢献である。最も重要な貢献は、今日では忘れられているが、古代に採掘が可能で、採算の取れる鉱床の開発が行われたことに加えて、少なくとも東西三〇〇〇キロメートル、南北二〇〇キロメートルにわたる耕作地が開拓されたことである。というのも、マグリブ地域の北と西にそびえたつアトラス山脈から川が流れ出ているからである。そして、南と西にはサハラ砂漠が広がり、東方は延々と地中海が続いている。

地中海を介して、マグリブの歴史は常に、避難民や商人を受け入れ、あるいは侵略者による害を被ってきた。

砂漠は、南からやって来る避難民や兵士たちにとって無情な検問所のような役割を果たした。奴隷交易では、重要な商品である人間をできるだけ多数、運搬するには、サハラ越えの道を通る必要があった

1　ヘラクレスの柱はギリシア神話に由来し、ジブラルタル海峡の入り口にある岬につけられた名である。北のヨーロッパ側の柱はジブラルタルの岩が比定され、南のアフリカ側の柱は諸説あるが、セウタのムーサー山が有力である。

2　古代ローマの将軍、政治家。前二三四―前一四九。カルタゴとの戦争で活躍。

が、それは困難であったので海上の道の利用が優先された。

ニジェール川は、アフリカ人の北への移動の境界をなした。

歴史は繰り返されてきた。侵入者は肥沃な東部地域に入り込む度に、先住者たちを近隣の山々へ――より高いところへ、より遠方へ――追いやり、その先住者たちも、自分よりも先住の人たちを山の頂上へと追いやったのである。その結果、民族学者は、一つの村を訪れる度に、自分がモザイクの、予想もしていなかった一片の前に立っていて、当分の間その全体像は描けないだろうという気持ちになる。それは、モザイクというよりも、むしろゆっくりと動くモビール、あるいは万華鏡というべきであろうか。

マグリブの歴史は全てこうした海岸や山脈、川の流れ、肥沃な東部地域、そして砂漠によって決定づけられるのである。

何世紀にもわたって、サハラ砂漠、高地、そして山岳地は、次々と押し寄せる侵入者たちに対する防壁の役割を果たした。この壁にぶつかった侵入者たちは、ある者は亡命者となり、ある者は束の間の占領者となった。その後、彼らは、遠方の沿岸地域に、あるいは人里離れた高い山の中でひっそりと暮らした。すっかり忘れ去られたその集落には、時として、見知らぬ風習や伝統とともに、いつ始まったかわからない慣習が残っている。

山岳民は決して平地の支配者とはならなかった。マグリブのいかなる王朝も、文化的にまた地形的にマケドニア、アラゴン、サヴォワまたはブルボネーなどに似た山岳地の出身ではなかった。ましてや、かつてのプロイセンのような、貧しく荒涼とした高地の出身ではなかった。

多くの著者がマグリブの地理的特徴を指摘している。すなわち、異なる諸地域が自然に集団を結成し、その結果、地域間に政治的紐帯が確立されるが、諸地域の中に中心は存在しないということ。ほぼ全てのマグリブの大王国は、いくつかの帝国——ローマ帝国やずっと後の時代の近代ヨーロッパ諸国——を別にするならば、急速に国家の頂点にまで達し、そしてわずかな痕跡を残しただけで急速に消滅してしまった。

中心部に、耕作可能な土地が相対的に少ないことが、マグリブを貧しい地域にしている。人口も多くなく、農民たちは、そこでまさしく生活をしていた。しかし今日では、マグリブ諸国は過剰な人口に加えて経済のたち遅れに直面せざるを得なくなっている。

こうした事実は、よく知られている言葉「アフリカ（マグリブ）はローマの穀倉である」に反している。これについて、歴史家のE・F・ゴーチエ[1]は次のように説明している。市民に「パンとサーカス[2]」を保証していた「皇帝たちのローマ」は、必要な穀物を税、すなわち属州が納める年貢によって手に入れていたのであろう。ローマ領アフリカは、ローマの市民、三五万人分を養うのに必要な小麦を毎年課税された。だが、これほど広大な土地にとって、百万人の三分の一程度の人間に必要な穀物を供

1　フランス植民地期の著名な歴史家、地理学者。アルジェ大学教授。一八六四—一九四〇。
2　ユウェナリスというローマの風刺詩人の言葉で、ローマ帝国の平和と繁栄を象徴している。サーカスとは曲芸のことではなく、楕円形の戦車競走コースのことである。戦車競走の馬は圧倒的に北アフリカで飼育された馬であった。

給することは、経済学的基準では取るに足らぬ量である。

アラブ人の年代記作者アブドゥルハカムは、アラブによるマグリブ征服に関する最古の記録を残した人であるが、彼はローマ領アフリカにおける製油業――ローマの滅亡とともに消失した――の重要性を強調する。もう一人の歴史家イブン・ハルドゥーンは、ローマ領アフリカの繁栄がアラブの征服によって終わったことを、次のように巧みな表現で記述した。「トリポリからタンジエまでの地域全ては、全くの田園地帯であり、村々がどこまでも続いていた」［＊ハルドゥーン、第一巻・341頁］。ゴーチエは、この表現を「人びとは、トリポリからタンジエまで木陰の道を旅したのである」と読み替えている。

Ⅰ　最初の人間社会

北アフリカの最古の住民を指すのに使われるベルベルという言葉は、不適切な言葉である。なぜなら、この言葉は、ギリシア語のバルバロイから派生し、それが、セム系言語を介して、アラビア語に伝わったバルバルという言葉を指しているからである。それは、第一に、理解できない言葉を話す人びとを意味している。これは、征服者が被征服者に与えた、あるいは、自らがより優れた文明に属していることを確信した外来者が土地の人間に与えた、軽蔑的な呼び名である。何よりもこの言葉は、民族の自称ではない。

「ベルベル」集団の内部には、穀物栽培を共有し、さまざまな文明圏からやって来た多様な集団が存在していた。彼らは、地中海の諸帝国が崩壊した後のあらゆる生き残りでもあり、また飢饉――それがどのようなものであったかわからないが――によってイラン高原から移住して来た遊牧民のあらゆる痕跡でもあった。さらに、諸民族の侵入、トルコ人の逃亡奴隷や、さまざまな出自の敗残者や海岸にたどり着いた遭難者たちが――その一部は大昔にまで遡れる――マグリブの地に相次いで到来した。

(a) エジプト人

壁画以外に、エジプトの存在は、時としてカビリーの伝説のなかに現れる名前、つまり「フェラウン」でしか確かめられない。カビリーの伝説は次のように語る。一人の王が、とても遠い山の国から、杉の木に被われた山々を背負ってやって来た。海岸にたどり着いた後、王は西に向かう途中、疲労で倒れ、背負ってきた山々に埋もれてしまった。こうして、そこからジュルジュラ山脈が現れた。彼の体から、カビリーの五つの部族、イガワウエン[1]が生まれた。イガワウエンという言葉は、母親が姉妹同士であ

1　時代によって部族名も部族数も異なる。十九世紀のフランスによる征服時、イガワウエンは、それぞれ四部族からなるアイト・ベトルン同盟とアイト・マンジェラト同盟の二つの同盟体によって構成されていた。アイト Aït とは、ベルベル語で「人びと」「〜の子孫」などを意味する。

る親族を意味し、ラテン語のクインクエゲンテス〔五つの民族の意〕にあたる。

このフェラウンという王の名前だけは、ギリシア系商人によってエジプトから伝えられたものかも知れないが、彼がエジプト人であったと断言するのは困難である。誰が確信をもってそうだといえるのか？

(b) エーゲ海人

さまざまな民族学的根拠から、エーゲ海人の影響を考える必要がある。まず、我われは、カビリーにおいて、アメンタス——双斧——からエーゲ海人のラブリュスを思い浮かべる。私は一九五一年に雄牛の犠牲祭に使われたラブリュスの存在について言及した。陶器の詳細な研究は面白い仕事であるのに、未解明のままになっている。これが行われれば、おそらく地中海の諸文明との別の親族関係が明らかになるだろう。

(c) リビア人

彼らは海の民の仲間入りをし、ファラオ時代の古代エジプトにとって常に脅威となった。「リビュア（Lebou）」の名で知られた彼らは紀元前一二二九年のデルタ攻撃に参加した。エジプトの壁画には、白い肌で、金髪の、青い目をした彼らの姿が描かれている。〔彼らの居住地〕トリポリはまた陸上交易の支配権をも握っていたので、カルタゴと覇権を競わねばならなかった。ナバテア人[1]は、地中海における商業ネットワークは失っていたが、それを陸上で再建していた。アルジェリアのいくつかの古墳（たとえば〔ティアレの南西にある〕ジェッダールの廃墟、「キリスト教徒」の墓[2]、あるいはメドラッセンの墓〕と、エルサレムのヘロデ王[3]のものと言われる墓とを比較してみるのは興味深い。同様に、ネゲブ砂漠のナバテア人の諸都市（アブダ、スベイタ）にある石碑に彫られた装飾模様が、北アフリカの前イスラーム期の建造物にも見られることを検討してみる意味はあるだろう。

(d) ポエニ人〔リビア・フェニキア人〕の影響

リビア・フェニキア人は、最初に、ヘラクテ[4]によって言及され、そのテキストはビザンツのステパン〔六世紀の言語学者、地理学者〕によって引用された。異論の多い史料である『航海者ハンノ』にも彼らについての言及がある。

ポリビオス[5]はリビア・フェニキア人のことを、同じ法をもつカルタゴ人の臣下と考えている。ディ

1 シリア、ヨルダン地方に住んでいたアラブ系民族で紀元前二世紀前半頃にペトラを中心にナバテア王国を建設した。
2 この「キリスト教徒」の墓はティパザの近くにあり、クレオパトラの娘セレーナの墓と言われている。
3 紀元前七三頃—紀元前四。母親がナバテア人だと言われる。
4 紀元前五五〇—紀元前四七六。古代ギリシアの歴史家、地理学者。
5 ギリシアの歴史家、軍人。紀元前二〇一頃—紀元前一二〇。

オドロス[1]『歴史叢書』XX, 55, 4〕によると、彼らはカルタゴ人との婚姻権を所有していた海岸都市の住民たちのことである。彼らの名前はエスニックな混血に由来している。ティトゥス・リウィウスは彼らをカルタゴ人とアフリカ人の混血とみなしている。ストラボン〔『地理誌』XVII, 3, 19〕は、彼らの出自をカルタゴ海岸とゲトゥリー[2]の山岳地の間に位置づけている。

プリニウス〔『博物誌』V, 24〕は、彼らはブザキオンに居住していると述べているが、この記述は、彼らの居住地をカルタゴの南、ブザキティスの北に位置づけているプトレマイオスのそれと同じものであろう。実際には、これらのリビア・フェニキア人はカルタゴの南の居住者たちのことであった。しかし、彼らの文化的影響力は重要であったに違いない。なぜなら彼らはフェニキア文明をリビアに伝えた仲介者であったからである。

フェニキア人〔古代オリエントのフェニキア人〕、次にカルタゴからやって来たポエニ〔リビア・フェニキア〕人たちは、早くからマグリブ地域に住みついていた。そして、彼らの足跡は、遺跡内――考古学者は常にそれを期待するが――よりも、地方の伝統や伝承のなかにより多く残っている。

テネス近郊のベニー・ハワーには、神殿があり、この創設者インマ・ベネト――娘たちの母の意――の墓の周りに建てられた五つの石が最近までそこに収められていた。創設者の娘たちが近隣の部族の祖先だとされている（類似の石についてはユーグ・ヴァンサン『古代探査によるカナン』パリ、ガバルダ社、一九〇七年出版を参照のこと）。難破して上陸したカトリックの修道士たちがこの遺跡を建設したという言い伝えは、調査後、フランス植民者たちの想像の産物だということがわかった。ブルジュ・バール

〔バアル神の砦〕のように、この地域の地名は、好奇心をかきたてる以上に、調べてみる価値もある。

リビアのキュレネからモロッコの大西洋岸エル・ジャディーダまでのマグリブ海岸には、およそ三〇のリビア・フェニキア人の遺跡が確認されている。もちろん、現地の民族学者はこれらの遺跡の発見にたいへん驚くが、遺跡から、リビア・フェニキア人たちの非常に古い慣習がわかるわけではないし、また専門家でない者のために不思議な建設の伝説が伝えられているわけでもない。

(e) 地中海とエーゲ海

紀元前三千年紀から紀元前二千年紀に、ベルベル地域の沿岸住民と、エーゲ海の沿岸や島々の住民との間に関係があったことは考えてみる必要がある。エーゲ文明の影響はマルタ、シチリア、サルディニア、バレアレス諸島に、そしておそらくスペインとその先の地域にまで及んだだろう。この長い期間の最後の数世紀には、地中海の北東の地域で作られた物資がシチリアや地中海南岸の地までもたらされ、職人たちの着想に役立っただろう。

1　紀元前九〇年頃、シチリア出身のギリシア人歴史家。
2　古代ローマ期北アフリカのベルベル人たちの居住地域。

(f) **ローマ**

多くの歴史家が根拠なしに主張してきたことに反して、ローマ人とベルベル人の間で、民族的な混合が起こっていた。ローマ人の伝統のなかに、時としてその名残がみられるし、また軍駐屯地の近くに、おそらく両民族の結婚によって、プエリ・エクス・カストリス――軍駐屯地から生まれた子どもたちの意――という村が存在していた。ローマ兵士たちが持ち込んだ習慣は、地域に根付き、再解釈され、同時に地域の伝統を変え、言葉にも影響を与え、語彙を一層豊かにした。おそらく、コンスタンティーヌ地方に駐屯したパルティア騎兵部隊、パルミラ軍団、あるいはガリア部隊も現地に同様の影響を与えたであろう。

II　マグリブ古代の諸民族の呼称

(a) **イマズィゲン**〔単数形はアマズィグ〕

マヒゲス――ヘロドトスは紀元前五世紀に、マグリブの住民をマヒゲスと呼んだ。多くの著述家たちがマグリブの住民を指すのに用いた用語は、このマヒゲスという名と以下のようなその派生語である。

マカレス――古代ローマの詩人コリップスが、トリトン川（おそらく今日のジェリド湖）の西岸、切り立った森に居住する遊牧民に与えた名称である〔＊コリップスIV, 191〕。

マクエス――ヘロドトスによれば、彼らは、トロイの人びととの子孫である〔実際に、彼らは小アジアから来た〕。しかし、彼らの名は、おそらく、多くの民族名の元になった古代リビア人の名称マザケスから派生したものである〔ルカヌス『ファルサール』IV, 681〕。スエトニウスは『ネロ皇帝伝』〔30〕のなかで、彼らは、皇帝の護衛だと記述している。ジュアン・ドゥザンジュは、四一一年のカルタゴ教会会議に、アプロイアヌス・マザケンシスなる司教が出席したことを述べている。四八四年の公会議に関しては、別の司教ベネナトゥス・マザケンシスの出席について記述している。二人とも、ヌミディアの代表者である〔*ドゥザンジュ①・111―112頁〕。

マジケス――彼らの名はマヒゲスと同じ起源をもつ。この民族名はマウレタニア・カエサリエンシス属州〔*ドゥザンジュ①・112頁〕とマウレタニア・ティンギタナ属州に居住していた多くの民族を指すのに用いられていた。マウレタニア・ティンギタナの領域は現在のモロッコの一部に限られるのではなく、より東方の地域にまで及んでいることに留意しなければならない。そのことは、エル・アスナム――フランス植民地期はオルレアンヴィルと呼ばれていた――〔現在のシュレフ〕が、それ以前はカステルム・ティンギタノルムという名前で呼ばれていたことからも明らかである。アエティクスは、『宇宙形状誌』〔88頁〕のなかで「多数のマジケスの民族」という表現を用いている。同じ史料集〔167頁〕に収められている『誕生の書』はこの人びとをガラマンテス人の前に記載している。ビザンツ帝国下で、マジケス人は、エジプトのオアシスおよび、トリポリタニアを略奪する集団として現れる。ウェゲティウスによれば、彼らはラクダ曳きの部族であり、そのことが彼らと山の民のマジケス人とを区別している。ジュアン・ドゥザンジュによれば山の民マジケス人はマウレタニアに居住していた〔＊ドゥザンジュ①・113頁〕。すでに、三世紀には、聖ヒッポリュトスが、マジケス人をマウル人やガエトゥリア人、アフリ人と同列に置いている。このように、古代の著述家たちはマグリブの住民たちを、彼らの真の名称イマズィゲンの派生語で呼んでいた。

(b) ペルシア人

サルスティウス[1]がポエニ人の諸著をもとにまとめた『ユグルタ戦争』〔第一八章〕のなかに、王ヒエムプサルの時代のこととされる長い物語の要約が記述されている。

彼は、自らの記述は歴史家たちの定説には反していること、しかし土地の人びとの意見には一致していることを次のように付言している。

「アフリカ人の言うところによると、ヘラクレスがスペインで没した時、さまざまな民族で構成されていた彼の軍隊は、後継の指導者の地位を巡って民族間で争ったため、じきに解体してしまった。その成員であったメディア人、ペルシア人、アルメニア人[2]は、軍艦に乗ってアフリカに渡り、我われの海〔地中海〕に一番近い地方を占拠したが、ペルシア人は他の民族よりも遠く、大西洋岸にまで進出した。彼らは船体を裏返して、船を住居として用いた。なぜならば、現地では適当な材木を全く見つけられず、また購入や交換によってスペインからそれを買うなり交換するなりする機会もなかったからであった。あまりの海洋の広大さと言葉が通じないことが商取引の妨げとなっていたが、ペルシア人は通婚によってガエトゥリア人[3]と徐々に混血するようになっていった。彼らは、土地を試しては次から次へと別の場所を目指したので、自らを遊牧民（ノマダス）[4]と称した……」。

「ところで今日でも、ヌミディアの農民たちがマパリアと呼ぶ住居は、楕円形で側部が曲がった屋根をもち、まるで船の竜骨のようである……」。

他方、（ガエトゥリア人が酷暑地帯からさほど遠くない、太陽に晒されている暑いところで生活していたのに対し）アフリカの海〔地中海西部〕の近くに住んでいた〔もう一つの民〕リビア人はメディア人とアルメニア人と混ざり合った。彼らは、海峡をはさんでスペインにも近いところに居住し、現地住民とも商取引を行っていたので、早くから都市をつくっていた。メディア人という呼び方は、リビア人たちがメディア人を呼ぶのに用いていたマウロ人という呼び方に、少しずつ入れ替わっていった。「しかしながら、ペルシア人の国は急激に成長し、人口が増加したため、両親のもとを去ったペルシア人たちは遠く

1　紀元前八六前―紀元前三五。古代ローマの歴史家。主著『歴史』は散逸したが、『ユグルタ戦争』が残る。

2　メディア人、ペルシア人、アルメニア人の民族名は、アケメネス朝ペルシア帝国およびその周辺にあった地域名に由来する。

3　『ユグルタ戦争』〔第一八章〕は、「原初、アフリカに住んでいたのはガエトゥリア人とリビア人であった」で始まる。そのガエトゥリア人である。

4　ここは写本によっては、ノマダスではなく、ヌミディア人を意味するヌミダエと読まれ、二説に解釈が分かれている〔＊サルスティウス・287頁、註6〕。

カルタゴ近くのヌミディアと呼ばれる地域を占拠した。その結果、彼らはヌミディア人と呼ばれるようになった」。

「後に、ヌミディア人のこの二集団[1]は、相互に協力し合って、近隣住民を、時には武力によって、時には威嚇によって、自らの支配下に置き、彼らの名声と栄光を増大させていった。特に、我われの海〔地中海〕にまで進出して来たヌミディア人の名声と栄光が増した。というのも、ガエトゥリア人の方がリビア人よりも好戦的だったからである。[2]こうしてアフリカの沿岸地域の大部分は、ヌミディア人の権力下に落ち、被征服者たちの全てが征服者の名前と民族のなかに溶けいった」。

ペルシアからやって来たと思われる人びとについて言えば、現在でも残る部族名——アイト・フローセン[3]やイフリセンなど——から、彼らがファールス地方[4]の人びとの子孫である可能性が考えられる。他方、私は、海に面したカビリー地方のイフリセン族のなかに、イラン北部の半遊牧部族と共通する二つの民族学的特徴を発見した。その二つとは、ヤマウズラを捕らえるための罠と、水平の回転羽根を持った製粉用の水車である。後者は、この地域で広く普及している。

両者の関係性を証明するためには、これだけの要素で十分な証拠とみなすことは難しいだろう。しかしながら、そうした証拠がある以上、サルスティウスのような地方の伝統に好奇心を抱く教養人や高官の証言を頭から否定することは問題だろう。

プリニウスは、ファールシーという人びとに言及している。彼は、「ヘラクレスがヘスペリデスの地へ赴く際に、ファールシーはその同行者だったと言われる」〔ポンポニウス・メラ『世界地誌理』III, 103、およびプリニウス『博物誌』III, 8に引用されたヴァッロの記述〕という伝承に言及しつつ、彼らは、かつてはペルシア人であった、と付言している。

ステファン・グセル〔*第一巻・335頁〕は言う、「ローマ人がモウル、ギリシア人がマウロシオイと記述したアフリカの住民たちの正確な名前の由来を知らなければならない。彼らの正しい名称は、フェニキア人の言葉で西方の人びとを意味するマホウリムの派生語であろう」。

アルメニア人に関して、サン・マルタンのヴィヴィアン〔十九世紀の地理学者〕〔127頁〕は、イブン・ハルドゥーン〔*ハルドゥーン、第一巻・279頁〕に引用されているウルマナだと考え、ミラーは、プトレマイオスに記述〔IV, 6, 6〕されたアルミアイ、またはプリニウスに記述〔『博物誌』V, 22〕された、ヌミディアのアルムア川岸の住民がアルメニア人だとしている。F・ヨセフスがごく簡単に伝えるアルメニア人についての情報は、一部の著者がガエトゥリア人を東方起源だとする説の根拠となっている〔『ユダヤ古代

1 大西洋の方にまで進出したペルシア人（ヌミディア人）とそこから移住し、カルタゴ近くの地を占拠したヌミディア人。
2 メディア人やアルメニア人がリビア人と通婚したのに対し、ペルシア人がより好戦的なガエトゥリア人と通婚してヌミディア人と呼ばれるようになり、彼らが強大な力を持つようになったことを指している。
3 アイトは「人びと」「子孫」などを意味するベルベル語で、この場合、フローセンの子孫、つまりフローセン部族を意味する。
4 イラン南部の地方名。アケメネス朝ペルシアの中心地域でペルセポリスが首都。

誌』I, 6, 2〕。創世記一〇章に関して注釈をつけた歴史家は、クシの子でハムの孫でもあるハビラは、ユイラーシ人の祖先であり、彼らは今日、ガエトゥリアと呼ばれる、と述べる。すなわち聖ヒエロニュムス〔四二〇没〕は『創世記におけるヘブライ語の諸問題』の「創世記一〇章七節への注釈」において次のように述べる。「そなたは逃げよ、遠く離れたアフリカの砂漠地帯にすむガエトゥリア人のところへ……」。

プロコピオス[1]は、サルスティウスの歴史書と同じくらい有名な歴史書のなかで、さまざまな部族が近東からエジプトに脱出したが、エジプトの人口増によってさらに遠くリビアへと移住せざるを得なかった部族の話を次のように語っている〔『ヴァンダル戦争の歴史』II, 10-13、およびそれ以降〕。「彼らはこうしてヘラクレスの柱に達した」。「そして非常に多くの都市を建設した。そこには、彼らの子孫が居住し、今でもポエニ〔リビア・フェニキア〕語が話されている。彼らはティギシスの町[2]があるヌミディアの地に、一つの港を建設した」〔中略〕「彼らが到着する以前、リビアには、はるか昔からそこに定住し、先住民としてみなされていた人びとが住んでいた。その後、ディドー[3]とともにフェニキアの地を離れた人びとは、リビアに先に住みついていた人びとと合流し、彼らからカルタゴの建設の許可を得た」。

ベルベルの住民たちを、リビア人と最初に呼んだのは、おそらくギリシア人であろう。彼らは、現地でリビュアと呼ばれたが、これは当初、ナイル流域の北西に住む土着の人を意味していた。ギリシア人は、最初にエジプト人を、次にキレナイカの人びとをリビュアと呼び、その後、北アフリカの西端の住民までこの名で呼ぶようになった。

紀元前数千年紀から紀元後数世紀にかけて、巨大な穀物文明圏という共通の土台を持った、地中海のさまざまな民族が、北アフリカを通過していったようである。各地に残る彼らの遺跡だけでなく、言葉や、非常にローカルな慣習や伝承も彼らの足跡を伝えている。

北アフリカは、遊牧民であれ、定住民であれ、そこにより安全な避難所や新しい牧草地を求めてやって来る人びとを捕える、茎《うえ》のような形をしている。この一見、ばらばらな北アフリカ世界は、周囲の状況、すなわち地中海世界と、その向こう側にあるヨーロッパ世界のなかでとらえなおしてみれば、そこに深い統一性をもった姿が見えてくる。

Ⅲ　アラビア語史料

本書において最も利用しやすく、中心となるアラビア語史料は、イブン・ハルドゥーンの『ベル

1　ビザンツの歴史家。五〇〇頃―五六五頃。

2　アルジェリアのコンスタンティーヌの南東五〇キロメートルにあった古代ローマ期の都市。現在のアイン・エル・ボルジュ Aïn El Bordj。

3　カルタゴを建設したとされる伝説の女王、エリッサのこと。ローマの史料では、アフリカの先住民は彼女をディドーと呼んでいたとする。

ベル人と北アフリカのムスリム王朝の歴史』である。この歴史家は七三二年ラマダーン月一日〔西暦一三三二年五月末〕にチュニスに生まれ、八〇八年ラマダーン月二十五日（一四〇六年三月十六日）に没した。

彼は次のように記述する。「最古の時代から、この民族〔ベルベル人〕はマグリブの平地、山岳地、高原、沿岸地域、農村、都市に居住していた。彼らの住居は石や粘土、葦や灌木で建てられ、それをラクダの毛や皮で覆って作られていた。ベルベル人のうちで、権力を享受し、他者を支配した者は、遊牧生活に専心し、家畜をつれて、近隣の牧草地を遊牧する。しかし、高地を越えてサハラ砂漠まで行くことは決してしない。彼らは羊や牛の飼育で生計をたてており、馬の所有は、たいていは乗用や種の繁殖のためである。遊牧ベルベルの一部は、アラブ人と同様にラクダを飼育している。貧しい階層のベルベル人は畑からの収穫や、所有する家畜でもって生計を立てている。しかし、上流階層のベルベル人は、常に手に槍を持ち、ラクダとともに遊牧生活を送り、また、同時に家畜の繁殖や旅人の略奪をなりわいとしている」［＊ハルドゥーン、第一巻・167頁］。

イブン・ハルドゥーンが記述したベルベル人の歴史に関するこの一節から、彼らの居住地域の多様性とともに、富の獲得や生活手段の多様性についても知ることができる。しかしながら、この理論的哲学者は、牧畜を農業の上に、遊牧を定住生活の上に位置づけたとき、明らかに観察〔事実〕よりも理論を優先した。彼は〔牧畜と遊牧生活に伴う〕略奪や山賊行為を隠す役を果たすつもりだったのだろうか。

第二節はより客観的で、より興味深い。「彼らの衣服と、その他身に着けるものはほとんど全て、羊毛でできている。服には縞模様が入り、左肩に衣の端をかけている。その上から黒いバーヌースを羽織る。通常、彼らは頭を剃っている……」。

「彼らの言語は、ちんぷんかんぷんな言葉であり、アラビア語とは関係がなく、彼ら特有の言語である。だからこそ、彼らをベルベル人と呼ぶのが相応しいのである。以下にその例を挙げてみる。すなわち、トゥッバと呼ばれたイエメン王たちの一人、カイス・ブン・サイーフィーの子イフリーコスは、マグリブとイフリーキヤに侵入し、土地の王エル・ジェルジスを殺した後に、そこにいくつかの村と都市を建設した。この土地がイフリーキヤと呼ばれるのは——一般にそう主張されるが——このイフリーコスの名前に由来している。彼は、この見知らぬ民族と会い、彼らのちんぷんかんぷんな言葉を聞き、その言葉が多様でたくさんの方言に分かれていることに興味を引かれて、叫んだ。「あなた方の言葉は、なんと、ベルベラなことか！」と。こうして、彼らはベルベル人と呼ばれるようになった。アラビア語でベルベラという言葉は、理解できない声の集まりを意味している。そこから、人びとは、ライオンが不可解な吠え声を出すとき、それをライオンのベルベル語と言うようになった」［＊ハルドゥーン、第一巻・168頁］。

この歴史家は、いくつかの伝説を丹念に引用した後、次のように結論づけた。「彼らをゴリアテまたはアマレク人の子孫とし、自発的か、強制されてかはともかく、シリアから移住してきたとする見解は、神話の域を出ないのだから、全く支持できない。イスラーム創唱の数世紀前から、ベルベル人はその国とその地域の住人として知られている。その国と地域は今日彼らに属し、そして、その土地で彼らをベルベル人だと認識させるさまざまな特徴をもっている」〔＊ハルドゥーン、第一巻・183頁〕。今日、我われは次のように言うことができよう。「彼らは常に特有の文化的根拠を持っていた」。

「今や、全く仮定を必要としない事実というのは次のとおりである。すなわち、ベルベル人は、ノアの子であるハム、その子であるカナンの子孫である。そのことについては、多様な民族的系譜、または系図を論ずる中で、すでに明らかにしたとおりである。彼らの祖父はマズィグと名付けられ、彼らの兄弟がゲルゲセエン（アグリケシュ）であった。ペリシテ人は、ハムの子ミスライム、その子のカスルヒムの子どもたちであり、ベルベル人と姻戚関係にあった。彼らの王は、ゴリアテ（ジャールート）の称号をもっていた。シリアではペリシテ人とイスラエル人の間に、歴史に伝えられる戦いがあり、そこではカナンとゲルゲセエンの子孫はイスラエルの子孫に敵対し、ペリシテ人を支援した。このことから、ゴリアテをベルベル人だとする誤った見方が生まれたのだろう。我われは、自らの見解以外受け入れることはできない。すなわち、我われの見解が唯一の真実であり、そこから決して離れることはできない」〔＊ハルドゥーン、第一巻・184頁〕。

聖書のなかのゴリアテという名は、アラビア語ではジャールートと記述されるが、それは、ベルベル語のアグッリード――王の意――に近いと思われる。私の考えでは、アグッリードの語源は、皮の意味を有するベルベル語のイジウ〔第五章Ⅱ、「衣服」も参照〕またはイルートである。おそらく、この皮というのは何らかの方法でもたらされた特定の動物の皮が職業の徽章となったのであろう。パウサニアスは、アテナ女神が持っている盾は、リビア人女性の衣服〔皮でできたケープ〕を意味するリビア語の単語イジウに由来すると伝える。もちろんアイギス――ギリシア語で神盾の意――はベルベル語のイジウに相当する。

もし、我われが古代の史料とイブン・ハルドゥーンが伝える話の最も重要な点を参照し、比較すれば、次のような光景を思い浮かべることができよう――さまざまな出自の者からなる〔ベルベル人の〕軍隊を率いる巨人、ヘラクレスやゴリアテといった英雄がくっきりと浮かび上がる姿、と各地に軍団として配置されているのに、彼らは後からやって来た征服者には理解できない共通の言葉〔ベルベル語〕を忘れずにしっかりと維持している兵士たちの姿を。

イブン・ハルドゥーンは、アラブの系譜学者の方法に従って、ボトルとブラネスというベルベルの区分を提示している。

今日、この区分が何に基づいていたのかを明らかにすることは困難である。イブン・ハルドゥーンによれば、ブラネスの子孫であるザナータ族は、今日、定住してオーレス山地の一部や、アルジェリア・モロッコ国境のベニー・スヌースや、シェリフ渓谷を見下ろす山岳地に住んでいる。彼らは、古いベルベル遊牧民の祖先ではないだろうか？

今日アムール山と呼ばれる、シェリフ川の水源の山は、イブン・ハルドゥーンの時代には、そこに住んでいたザナータ族の名前をとってラシード山と呼ばれていた。

ボトルの名は、今日、我われのもとにはアト・ベトルーンという名前でしか残っていない。このアト・ベトルーンとは、ラルバア・ン・アト・イラーテンからジャマア・ン・サフリージュまで及ぶ大カビリー地域の中心部を占め、最近まで強大な力を有していたカビリー部族連合である。この連合は、一八七一年の反乱[1]の鎮圧後には、少なくとも制度的には消滅したが、伝統的には残存している。

1 アルジェリアの植民地支配の強化に反対し、一八七一年、カビリー地方のベルベル系豪族ムクラーニーが起こした大反乱。反乱にはラフマーニー教団員も加わり、一時カビリー全域、ホドゥナ山地、西サハラ地域にまで広がったが、一八七二年に鎮圧された。植民地支配の転機となった。

第二章　今日のベルベル語話者と彼らの「話し言葉」

I　今日の居住地

北アフリカのベルベル人の居住地は、組織的な調査が不足しておりよくわかっていない。言語学的には、アラビア語話者とベルベル語話者の区別が可能である。アラビア語はシリア語と同様に南部セム語系集団の諸言語に属しているのに対し、ベルベル語は、カナン語と同様に北部セム語系集団に属している。しかしながら、ベルベル語を話す諸集団は、自分たちの言語の統一性を意識したことがなかった。それどころか、言語の文法に共通性が明らかになるや、ベルベル語学者はそのなかに言語的違いはなく、同一のものであるということを主張し始めたのに、ベルベル語話者たちは競って方言の違いを指摘し、互いに話が理解できないということを強調するようになった。それに反し、アラビア語は、イスラームを政治的支配の柱として用い、ベルベル人たちを進んでイスラームへと向かわせたので、イスラームの普及とともにアラビア語も広まることになった。フランス語は、今のところ、〔ベルベル語の〕方言の違いのために意思疎通が困難なときにその媒介言語として広く用いられている。

大まかに言って、家畜を率いてアトラスの牧草地まで移動するモロッコのアイト・アッター族を除いて、ベルベル語話者は山岳地域に居住し、定住生活をしている。アラビア語話者は、平地に居住し、都市民の大部分、および南部の移牧民と定住民の構成員である。しかし、〔イスラームの宗派の一つである〕イバード派教徒の居住地であるアルジェリア南部のオアシス都市と、チュニジアのガベス湾南部の砂漠地にあるマトマータの穴居集落では、住民は例外的にベルベル語話者である。メクネスのようにベルベル人が支配的である都市を除いて、都市住民の中核は、スペインから亡命したアンダルス人、改宗したユダヤ人、トルコ人またはクルグリ人――トルコ人とアラブ系・ベルベル系の混血――などのさまざまな出自から構成され、階層的には都市中産市民を形成している。ほとんど全ての都市は、ローマ人による建設か、あるいは海岸に建設されたフェニキア人の都市に起源を持っている。しかしながら、こうした言語による居住地の区分が不変であると考えることは誤りであろう。

トレムセンの南、アルジェリア・モロッコ国境のセブドゥー地域に位置するベニー・スヌース地方は、ドゥテとゴーチェが一九一二年に作成した地図では、ベルベル語話者の地域に分類されている。一九五四年六月に私が調査した際には、セブドゥーにはベルベル語話者の村はわずか一か所、ベニー・ズィダーズ村しか発見できなかった。ベルベル語の単語を収集することは可能であったが、その地域では、ベルベル語は、男の子たちによってすら、話されていなかった――女性たちによって育てられた男の子は、十五、十六歳になって大人の男性の職分を担うため、媒介言語としてのアラビア語とフランス語をより積極的に使用するようになるまでは、家庭内の言語としてベルベル語を使用しているというのに。私は入念な調査を行い、この地域ではベルベル語が段階的に放棄されたのではなく、住民がそっくり入れ替わってしまったことを確認することができた。南から北への絶え間ない人の移動によって、遊牧民が定住民に取って代わり、定住民は都市へと移住することになったのである。

シェリフ渓谷の山腹に位置するベルベル語地域では、ベニー・スヌース地方にその痕跡をとどめるザナータ系ベルベル語に近い言葉が話されている。彼らの言葉は地域ごとに特有の単語が使われているが、それはアンドレ・バセが正確かつ、明確に指摘したとおりである。アルジェ西方、シェルシェル近くのシュヌーア山地には、一〇〇家族ほどの孤立したベルベル人集落が存在する。そこで話されるザナータ系のベルベル語は、理解はできるが、非常に難しい。それぞれの家族が、独自の出自を主張する。この地域は、海の方に突き出ている地形のおかげで、遊牧民たち――その多くはアラビア語話者であった――の進出を免れてきた。オーレス山地も、その地形上の理由から長らくベルベル語の砦とみなされてきた。しかしそれは正確ではない。オーレス山地の北面は、海岸からやってくるあらゆる侵入者を長い間阻止してきたが、南側は、ラズレグの褶曲山地によって枝分かれするアブディ川とアビオド川の流域の豊かな地域がサハラ地域へと大きく道を開いていたため、外からの侵入を受けやすかった。イブン・ハルドゥーンが述べているように、かつてオーレス山地に居住していたベルベル人の二大集団――ジャラーワ族とハラーワ族――は絶滅してしまった[1]。農民たちの記憶のなかに、バトナ近郊の

---

1 かつてユダヤ教徒であった有名な女王カーヒナもジャラーワ部族に属していた。しかし、この部族は後に滅ぼされたり、他の部族と混血したりして、イブン・ハルドゥーンの時代にはほとんど絶滅していた。［＊ハルドゥーン、

巨石建造物以外、彼らについての痕跡は何も残っていない。

南から北への民族の移動と、サハラの遊牧民の侵入によって農耕民が都市へと移住を強いられた結果、ベルベル語はまさに消滅の瀬戸際にまで追い込まれた。このため文章構造はまだベルベル語であるとしても、語彙はほとんどアラビア語になった。

カビリーは、一見したところ、均質なベルベル語話者集団を形成している。しかしながら、そこにもアラビア語の浸透は顕著である。たとえば、デリース近郊の二部族は、アラブのヒラール族に属する、ベニー・トルとベニー・スリヤムという名である。彼らは、しばしばそのように主張するけれども、ヒラール族の出自という威厳のゆえにその名前を名乗ったとは思われない。というのは、カビリーにおいては、威厳は全てカビリーの古い家系と結びついているからである。ラルバア・ン・アト・イラーテン(オスマン朝期のフォール・ロンペルール、フランス植民地期にフォール・ナショナールと改称)の近くに住むベニー・アッバース族は、居住地がジュルジュラ高地に位置し、冬には降雪があるにもかかわらず、サハラの人びとが使うテラス屋根を設けてきた。アザズガとアゼッフーンの間にある、タバルールト村の住人たちは、コンスタンティーヌ南部の高地から来たアラビア語話者の子孫であると主張している。彼らの家は平屋根でつくられている。水を運ぶのに、カビリーの隣人たちは粘土の壺を用いているが、ここの女性たちは革袋を用いる。また、この地域の羊飼いたちは、二つの管をもち、牛の角でできた短い朝顔口をもつクラリネットを吹く。一般的にはこの楽器は東部の遊牧民が今も用いているが、かつてはチュニジア南部以外になかった楽器である。

偏見のない観察者にとって、これらの民族学的証拠は〔ベルベル語の後退とアラビア語の浸透を示す〕確かな事実として重くのしかかっている。それこそが、民族学者が民間の口頭伝承を、敬意をもって受け入れなければならない、ということを正当化する。

アンドレ・バセの研究以降、北アフリカの言語学的地図が、制作も刊行もされていないのは残念なことである。というのも、もしそれが制作され、世に出ていれば、文化的・言語学的統一の過程をたどることを可能にしたと考えられるからである。また、ある文化の形成史の考察にとって不可欠な基礎である民族学的地図が作成されていないことも残念である。というのも、言語的な差異があるにもかかわらず、今日のマグリブ文化の統一性は明らかだからである。

第三巻・192—194頁〕。

Ⅱ　ベルベル語話者の分布

(a)　モロッコ

モロッコの現在の住民は、基本的にその出自はタマズィグト——ベルベル語——の話者たちである。国全域でかつて支配的であったベルベル語は、征服者の言語であるアラビア語——それは公式言語になり、その後、ベルベル語の方言間の媒介言語になった――に完全に取って代わられた。

一般的に「ベルベル人」と呼ばれるベルベル語を話す諸部族は、いくつかの集団に区分される。

まず、国の北部のリーフ地方には、イリフェーン、アラビア語でルアファーと自称する集団が住んでいる。彼らの居住地は、地中海一帯に及んでいて、その範囲はアルジェリア・モロッコ国境の近くから、ティトゥワーンの手前六〇キロメートルほどのところにまで広がる。

ブラベルは、モロッコ中部の山岳地域と高アトラス山脈の東部に居住する。

シュレフ――彼らの自称ではイシェルイエン――は、高アトラスの西側、およびスース地方に居住する。また、居住域の東部は［マラケシュの東八〇キロメートルにある］ドゥムナートの南東の近郊にまで広がっている。居住域の北部はドゥムナートから大西洋岸のモガドールまで山脈の麓の平地に沿って帯状をなしている。

ドラワは、モロッコ最南端、ドラア川流域に居住している。

五番目の集団は、ウジュダ近郊と国の北東端に生活する諸部族を含む。これらの集団の全ては、イマズィゲンという一つの名で呼ばれている［*ウェスターマルク①、第一巻・1頁］。

こうした集団間の区分は、単に地理学的な基準に基づくばかりでなく、言語学的な差異にも基づいている。同一集団に属する諸部族間で話される方言の差は、異なる諸集団間で話される差より小さい。この差は、語彙と同様に音声学上の差でもある。

したがって、リーフ地方の住人がブラベルまたはシュレフの者が話すのを聞いても、わずかな単語しか聞き取れないだろう。南部に居住するベルベル語話者は、ブラベルの話を理解できるだろうが、イリフェーン、すなわち〔北部に居住する〕リーフの人びとはそれを理解できないだろう。つまり、南部と中部の住民の間には方言上の隔たりはなく、この二つの集団の間には地理学的な境界があるにすぎない。

この五番目の集団の内部においても、方言の違いがかなりあると思われる。アイト・サッデンやアイト・ワラーインのような近隣部族間で話される言葉でさえ、音声学の上でも、語彙の上でも互いに違いがある。

リーフ方言のなかにも、シルハ——シュレフ（イシェルイエン）の話し言葉——のなかにあるのと同じくらい差異がある。とはいえ、シルハ内の方が、相対的な比較において、音声学的にも語彙的にもより同質性が高い［*ビアルネイ］。

すなわちベルベルの各部族には、同一部族に属する諸集団間で重要な方言上の差異を示すそれぞれの言語的特徴がみられる。

こうした差異は、いくつかの明白な理由によって生まれた。その理由とは、何よりも書き言葉の欠如、次により小さい理由ではあるが、ベルベル語話者の居住地域の広がりの大きさと、異なる諸集団間、あるいは同一集団内の分枝集団間において社会関係が欠如していたことである。

これに対して、モロッコで話されるアラビア語は、どの集団においても、ごくわずかな方言の違いや発音上の違いしか見いだされないということは興味深い。

アラビア語は、さまざまなベルベル語方言が話されている地域よりも、狭い国土でしか話されていないにもかかわらず、支配的な言語となった。まずは、政府や行政、宗教の公式言語として、その後、文化的・社会的に高い地位の層の言語として支配的になった。

アラビア語は、ばらばらな地域語の違いを超えて、商業および社会的な交換を可能とする共通語になっていることも付言しなければならない。農村から都市への移住商人の先駆者であり、やがてこれらの移住者の中核となったシュレフ商人たちは、出身の村に戻ると、人びとにアラビア語を伝える役割を担った。最近まで、ベルベル語話者は、自分たちの言葉をアラビア語よりも非常に「劣った」言語とみなしていたようである。そのため、ますます多くの者がバイリンガルとなった。

まさしく次のようなモロッコにおけるアラブの諺が、思い出される。「蜂蜜が脂肪でないように、またトウモロコシが食糧ではないように、シルハも言語ではないのだ」。

(b) アルジェリア

アルジェリアにおける、ベルベル語の分布はおよそ七つの重要な集団からなっている。西部のアルジェリア・モロッコ国境、もしくはそこからさほど遠くないところに、まばらに、ごく小さい集団が存在する。この地域におけるベルベル語は、徐々にではあるが、しかし確実に消滅の一途をたどっている。その北部、アルジェリア・モロッコ国境沿いのベニー・スヌース地方では、一九五四年、ベニー・ズィダーズ村にザナータ語（ゼナティア）を話す老人が数人確認された。トレムセン南西のマルニア地方（現マグニア）も同様であり、一八六三年頃に「ベルベル語」を話す小集団の存在が報告されている。

しかし、私が一九五四年に調査した際にはそれを確認できなかった。

その東方、ザッカールとワルスニスの山岳地はバイリンガルの地域であった。ザッカールとシュヌーア地方は、テネスから東方に向かって、ティパザの数キロメートル西のシュヌーア山地までの地域が相当する。そこでは、一九五四年に、住民がイシェヌイェンだと自称していた。このバイリンガル地域は、地中海から、豊かなシェリフ川が町の南側を流れるミリアナの少し手前の地まで広がっている。モロッコにおいて指摘したことと同じ指摘がザッカールの地域にも当てはまる。すなわち、いくつかの異なる集団――ブー・マアドやザッカール――がとても似ている方言を持ち、互いに理解し合う。タシェタやズッガーラのような他の集団は、互いに理解し合うとしても、ブー・マアドやザッカールの方言とは非常に顕著な語彙の違いが見られることは、ルネ・バセ、それからアンリ・バセによって明らかにされた通りである。私がそのことを確認したのは一九五〇年である。

我われは今日、三つの言語的な社会現象を目の当たりにしている。第一に、「ベルベル語」の後退、つまりベルベル語が孤立したオアシス地域、あるいはやや広がりのある地域のなかに姿を隠してしまったことである。そこでの経済活動、すなわち交易や取引の多くはアラビア語話者が多数派を占める都市に依存している。

第二に、非常に広範囲に「ベルベル語」が話されていて、ベルベル語で生活ができ、それを維持できる地域が存在していることである。ここでは、商取引に際して、ベルベル語話者の都市と関係を持つことが可能である。アルジェリアのカビリー地方や、ほぼベルベル語話者の都市であるラルバア・ン・アト・イラーテン、アザズガ、アクブー、アイト・ヒシャーム（ミシュレ）、アゼッフーン（ポール・ゲイドン）、また、バイリンガルの都市であるデリース、ティグズィルト、ティズィウズ、ドラア・エル・ミザンのような諸都市がこれに相当する。

第三に、人口学的には、カビリーからアルジェへ、そしてヨーロッパの大都市へと多数の住民が移住したことである。彼らは、随分前からアラビア語とベルベル語のバイリンガルであり、その後、フランス語も身につけ三か国語使用者となった。

〔こうしたカリビー人移住者たちの間で〕タクベリート〔カビリー語〕が数世代後にもなお維持されているのかどうか、あるいは、一度地中海を越えたら、また家族や一族の世界と縁が切れたら、それは消滅してしまうのかどうかを述べるのは時期尚早である。

ワルスニス山中のテニエ・エル・ハアド地方には、アラビア語とのバイリンガルのベルベル語話者の集団がいる。彼らが話すザナータ系ベルベル語は、ドゥテとゴーチェが調査した一九一二年の時点で、すでに衰退の途にあったが、私が同地に赴いた一九五二年には、ほぼ消滅していた。カビリー山地の背骨をなす山脈は、カビリー地方の北部、デリースからカーボン岬までの海岸地域から、ジュルジュラ山脈がスーマーム渓谷に達する地域の間に、広がっている。

カーボン岬を越え、ビジャーヤの先のアオカ岬までの沿岸から、サヘル渓谷の東に広がる地域が、小カビリー、しばしばスーマームのカビリーと呼ばれる地域である。スーマーム渓谷の南東から、アルジェリア・チュニジア国境方面へと広がった地域には、今日、アラビア語とベルベル語の両言語を話す広大な地域が広がっている。その中心はオーレス山地である。その山塊は、北側は切り立った斜面を、南側はなだらかな斜面をなし、アビオド川とアブディ川の二つの豊かな渓谷が、サハラへと続いている。この地域には、かつて、二つの強力なゼナーガ系部族であるジャラーワ族とハラーワ族が居住していた。また、その昔ユダヤ教に改宗したウラード・アズィーズや、かなり遅くに移住して来たアラブ人のウラード・ズィヤーンなどさまざまな集団の居住地でもあった。最後に述べたウラード・ズィヤーンは、サハラからやって来た遊牧民であったが、この地に定住した。今日、この地域の主要な居住者はウラード・アブディとウラード・ダーウードである。地方伝承によると、彼らの祖先、盲人ブーレクは、ヒラール族で最初にこの地に侵入してきた人びとの一人であったと言われる。

オーレス山地で話されるザナータ語――タゼナティア――は、特に地名や、愛の歌や女性の歌のなかに残されており、ごく稀であるが、職業人としての放浪の歌手たちによって伝えられている。一九五四年当時、ザナータ語はまだ話されていたが、アラビア語からの多くの借用語や、アラビア語文法に従った表現も混じり、一種の隠語となっていた。

(c) チュニジア

アンドレ・バセは、一二の村を調査した。そのうちの六つはマトマータの村である。ここの住民たちは、凝灰岩の断崖に掘られた地下洞穴という独特の住居に少し前まで生活していたことで知られる。その他の六つの村のうち、一つはタズリットという高地にある村であり、五つはジェルバ島の村である。

一九八三年、マトマータの住民たちは、あまり近代的ではなく、サハラの気候には快適とは思われない洞窟の家にもはや住まなくなっていた。タズリットでは、私は一人の女性と複数の年老いた男性たちに会った。彼らは、互いにザナータ語を話していたが、アラビア語も問題なく使うことができた。私は、ジェルバ島ではベルベル語が話されるのを聞かなかった。しかし、ジェルバ島のベルベル語は、その集団内の言語として、チュニジア北部の都市や、フランスの大都市やパリ、またはパリ地方において、食料品店主になっている同島出身者たちによって普通に話されている。

(d) リビア

リビアの最初の住民は、おそらく「ベルベル」系民族であった。リビアという国名は、紀元前二千年紀の初めに、東のキレナイカに定着した部族の名に由来する。

リビアの領域全体に、民族的、文化的に顕著な統一性があったと考えられる多くの理由がある。アルジェリアと同様に、トリポリタニアにおいても発見された洞窟岩絵は、およそ紀元前二千年紀または三千年紀にまで遡れる。その岩絵には、髪形、衣服、装飾に特徴のある人物が描かれている。考古学者のなかには、〔岩絵や建造物から窺える〕宗教実践の中に民族的アイデンティティーを見ようとする者もいる。これらの要素は全て、エジプト先王国時代末期からそれ以降、〔リビア〕西部の砂漠地域の住民たちを描く建造物や絵画、彫刻にも見いだされる。

中王国時代中葉には、少なくともリビアの東部の人びとは、今日、〔エジプトの〕シーワ・オアシスから大西洋まで用いられている「ベルベル語」に近いハム語を話していたことが、民族名や、部族の形容語や名称からわかる。彼らの体型は、南部に住む黒人とは明らかに異なっていた。

彼らは、部族や同盟として組織された遊牧民たちだった。古王国時代以降、リビア人は、ナイル・デルタの西方の定住民に対する略奪行によって生計を立てていた。こうした略奪行は、紀元前二千年紀後半の東地中海における民族の大移動の間に、ひどくなったようである。

この時代に、他の諸民族、特に、海の民すなわち航海民たちが、北部と西部からデルタ地域に侵入し、彼らと混ざり合った。エジプトに残されている同時代史料であるレリーフには、セティ一世、ラムセス二世、メルネプタハ、ラムセス三世といったエジプト軍とこれらの侵入者たちとの戦闘場面が生き生きと描かれている。

新王国時代の紀元前九四五年頃、リビア人のシェションク一世が古代エジプト第二二王朝のファラオとして王位につき、エジプトを統治した。[1]

今日、リビアには、ベルベル語話者が、ナフーサ山脈の西半分の地域と、海岸沿いのズアーラに、それから飛び飛びにソクナ、アウージラ、さらにエジプトのシーワのオアシス地域に居住していることが

1　古代エジプトでは、第一九王朝時代から、ナイル川の西デルタを経由して多くのリビア人が移住してきていた。第二〇王朝から第二一王朝にかけて、彼らの一部は主に軍人として登用され、政治権力にも影響力を行使するようになった。シェションク一世は第二二王朝を創建すると、二つに分断されていた政治権力を再統合した。また、イスラエル王国に遠征を行ったことが旧約聖書に記録されている。

報告されている。その数は、数万人くらいだろうか？

(e) サハラ

サハラでは、フィギーグやティディケルト（一村）、トゥアート（二村）、グーララ（かつて六〇村）といった諸地方の「クスール」、すなわち村々に住む定住民がベルベル語を話していた。

これらのクスールが、サハラというアラビア語圏の海の中に忘れられた孤島のような状況をなしていることは、非常に特徴的である。しかし大きな集落であり、特有の社会組織を形成しているムザブの七つの都市――ヘプタポール――は、他のクスールとは状況が異なっている。

ムザブにおいて、その中心に位置するガルダイアは、ベニー・イスゲンの聖なる都市とともに、最も重要な都市である。これらの都市は、イスラームのイバード派（ワッハーブ派にきわめて近い）に属するムスリムにより、一〇一一年から一〇五三年の間に建設された。この宗派のメンバーはまた、他のムスリムからハワーリジュ派――外へ出た者、あるいは拒絶した者の意――の名でもよばれる。というのも彼らは、ムハンマドの娘婿であるアリーのカリフとしての権威を否定したからである。その結果、イスラームにおける最初の分派が生まれることになった。今日の住民の中核となる人びとは、預言者ムハンマドの子孫を主張する家族によって構成されている。彼らの道徳規範やイスラームへの忠実さは非常に厳格である。ただし彼らの儀礼の大部分は、その教義の根本的な部分と同様に、今日まで秘匿されたままであるということを指摘しておく必要があるだろう。

ムザブのヘプタポール（七都市）と並んで、東方のワルグラとその双子都市のヌグーサに、ペンタポール（五都市）が形成された。そこでは、一九六二年においても、ムザブとの関係を持つ、いくつかの家族によってザナータ語がまだ話されていた。その他の住民たちはアラビア語とのバイリンガルであった。さらに、我われのベルベル語話者の分布図を完成させるためには、アルジェリアの南東トゥッグルト周辺のワディ・リグ地域の五村とリビアのガダメスを加えなければならない。

さらに、ガダメス近郊を頂点にし、南西が〔現マリ共和国の〕トンブクトゥを越えた地点、南東はガートとジャネトを含む〔現ニジェール共和国の〕ジンデルの地点、その三点を結ぶ広大な三角形の地域にベルベル語世界が広がっている。トゥアレグ族は、厳密に言えばサハラ全体ではまばらにしか居住していないが、サハラの南部では比較的多い。今日、彼らは民族的、文化的に消滅の途上にある。ルネ・バセは、一九四八年に、その部族数を「約五千」と見積もっている。

トゥアレグ族の言語は、アラビア語からの借用が全くないわけではないが、多くはなく、長らく固有の言語を維持してきたので、この言語に関して重要な研究業績が発表されてきた。それらの研究業績は、本書末の文献目録に掲載されているが、あらゆるベルベル語の土台を研究しようとする人びとにとって不可欠の文献となっている。

トゥアレグ族はタマシェクを話し、かつてはティフィナグ文字を使っていた。ティフィナグという言葉については、この言葉をつくる三子音、F、N、Kが、明らかにフェニキアの言葉との関係を想起させる。シャルル・ドゥ・フーコー神父[1]によれば、彼らが自称する、イムハグ（単数形、アマヘグ）の名は、ahagh、すなわち「略奪する」という意味の語根から生じたということである。したがって、彼らは本来、「戦士」という高貴な意味を有する「略奪者」であったようだ。それは、ノルマン人の英語において、勇ましい、勇敢な、という意味をもつ「preux」という語が、自己顕示欲が強く、虚栄心という意味を有する「proud」高慢な、という意味の語に変わったのと同じである。

1　フランスのカトリック教会の神父で、トゥアレグ地域に居住し、宗教活動とともに、地理学的調査を行った。一八五八―一九一六。

第三章　ベルベル語

我われは、北アフリカにおいて、古代からの長い歴史過程で話されてきた全ての言語が、よく知られた歴史的出来事の結果として、広まったということを知っているが、ベルベル人たちの言葉、すなわちベルベル語の伝来の経緯はよくわかっていない。「だが、我われはどれほど過去に遡ろうとも、ベルベル語を、当然にも唯一の土着の言語とみなすだろう」〔＊バセA.③・250頁〕。

ベルベル語に関する古い史料はあまり多くない。確認できるものはコリップス――六世紀のラテン詩人――の言葉や、九世紀のヘブライ語写本に書かれた土占いの一六個の字形の名前、アンドレ・バセが指摘した〔＊バセA.③〕、十二世紀のバイザクの記録などである。

古い地名や未知の地名、後述するリビア碑文なども史料として活用する余地がある。リビア碑文は、数は多いが、大部分は非常に短文であり、しかも〔ポエニ語とリビア語の〕両言語で刻まれた碑文が二つあるにもかかわらず――最も有名なものはドゥッガのそれであるが――解読されていない。[1]

1　ドゥッガ遺跡内にある碑文は「アテバンの墓」の塔に掲げられていた。マッシュリー（ローマ人の呼び方ではヌミディア）王国のマシニッサ王を祀る神殿への奉献碑文と考えられ、マシニッサの系図が記されている。両言語

〔ビジャーヤ南西の村〕アドカルの市場の中心にある石に刻まれた銘文のように、いくつかの碑文は、ベルベルの若者たちによって、「唯一の言語はアラビア語、唯一の宗教はイスラーム、唯一の民族は……」というスローガンを示すために一九五三年に彫られたものである、ということを言っておかねばならない。

ベルベル人たちの過去の歴史に、このような自己破壊的傾向が全くなかった、と決めつけることもできないだろう。[1]

ベルベル語話者たちが完全に消滅した言語集団の生き証人であるかどうかは、わからない。かなり前から、言語学者たちは、ベルベル語と地理的にも近く、完全に消滅した言語、すなわちエジプト語やセム系諸語と近い関係にあると、主張してきた。他方で、ベルベル語はギリシア語起源であると述べたベルトロンの研究にも言及しておく必要がある。さらに、偉大なラテン語学者、シューハルトは、バスク語はイベリア語の生き残りではなかったかどうかを問うたが、その場合、バスク語とベルベル語は、同じ起源もつことになるようである。バスク語は、コーカサスにまで広がる先印欧語の大集団の生き残りとみなされ、ドイツ人の言語学者たちは、コーカサス語とベルベル語の直接的比較を行った。これら二つの研究が一八九三年に出版された「バスク語とベルベル語」〔『プロイセン王立科学アカデミー研究』、第二一巻・591—613頁〕と『バスク語とベルベル語の関係』〔＊ブルンシュヴァイグ〕である。

言語学者、M・G・フォン・デア・ガーベレンツは、カビリー地方、タシュルヒート〔スース〕地方およびガダメス地方のベルベル語諸方言（カリビー方言、ホッガール方言、シルハ方言、ガダメス方言）間の語彙の純粋な比較研究を行ったが、ベルベル語のなかに入っている、フランス語やアラビア語からの多数の借用語と、ベルベル語起源の単語とを区別しなかったようである［＊バセR．②・90—91頁］。

最も有力な説は、さまざまな方言に分かれたベルベル語が、もともとはオリエント起源であり、おそらく一つの言語に由来するというものである。広大な地域へ拡散したことや、諸集団が孤立していること、集団間のコミュニケーションが欠如していることなどによって、今日の言語状況が形成されたのである。

聖アウグスティヌスは、ベルベル語の起源について、非常に重要な証言をしている。「私たち田舎の民は、何者か、と問われると、明らかに訛った発音であるが、話慣れているポエニ語で、カナン人である、と答える。そう答える以外に、なんと答えられるだろうか？」［＊アウグスティヌス①・162頁］

この文章から、五世紀、すなわち聖アウグスティヌスの時代には、コンスタンティーヌの周辺、少なくともヒッポ（ラテン名ボーヌ、現アンナバ）やタガステ（現スーク・アフラス）地域では、まだポエニ

併記の碑文は、マッシュリー王国の東はカルタゴと接していたため、フェニキア（ポエニ）文化の影響を受けていたことを示すものと考えられる。碑文は大英博物館に所蔵されている。［栗田伸子・366、384—386頁］。

1 この銘文は、アルジェリア・ウラマー協会のスローガン「イスラームはわが宗教、アルジェリアはわが祖国、アラビア語はわが言語」に対応し、ベルベル人青年たちも、アラビア語を一つの柱とするアルジェリア・ナショナリズム運動に共鳴したことを示している。しかし、著者は、それをベルベル人の自らの文化破壊行為としてみている。

語が話されていたが、それは農民の言葉であり、知識人が軽蔑していた言葉であったことがわかる。

一部の言語学者は、「ベルベル語」をセム系諸語に分類することでベルベル語とカナン語の親族関係を暗に認めていながら、ベルベル語の起源を説明するときには、ハム・セム語という語族名を好む。

ハム系諸語は、言語学上の一系統を形成しているようである。それは、グアルダフィ岬から大西洋まで、アフリカ大陸の北部全域に広がり、また南東方向にはケニアのヴィクトリア湖とインド洋の間の地域にまで広がっているようである。たとえば、非常に多様な言語が広がるスーダンにもハム系集団が存在する。しかし、ステファン・グセルが指摘しているように、「これらの間に親族関係は当然のことながらほとんどない」[*グセル、第一巻・321頁]。

実際に、エジプト語は、非常に古い時代に遡ることができ、他の諸言語と同様に、その後、独自に広がっていき、他方で、リビア語は、独特の文法体系を発達させた。

リビア語とベルベル語を、ハム・セム語族に分類する仮説に従えば、これらの言語の起源は、時代の特定はできないが、アフリカかアジア地域のどこかで話されていた、共通する一つの言語にあるようだ。その後、この言語から、二つの言語が枝分かれし、それぞれ独自に発展していったのであろう。リビア語の起源がどこにあるにせよ、リビア語は、他の諸言語――それらはすでに消滅してしまったか、元の言語に吸収されてしまった――と融合したに違いない。ヘロドトスを別にして、古代の著者たちは、この問題について、全く情報を残していない。

リビア碑文

一六三一年にリビア碑文が初めてドゥッガで発見された。年代が記録された碑文が一つだけあり、それはミキプサの治世十年目、すなわち紀元前一三九年の碑文であった。この碑文は、全体として、紀元前一世紀から紀元後三世紀まで、一定の年数の間隔を置いて記録されている。

一九四〇年に、シャボ神父により編集・出版された『リビア碑文集』〔＊シャボ〕には、豊富な目録――特に個々の研究者たちによって発見された碑文――が収められている。いくつかの碑文は、住民たちの反感――碑文が刻まれた石は自分たちの過去の遺跡であり、それを破壊する権利も再利用する権利も自分たちにある、としばしば主張する住民たちの、調査や保存に対する反対――があったにもかかわらず、〔研究者によって〕発見されたものである。

今日、我われは一二〇〇以上の碑文を有している。一二〇〇はシャボ神父の『碑文集』に収録されており、それ以外は、さまざまな国の出版物に収められている。

これらのテキストの大部分は、石に彫られた碑文であり、独自のアルファベットが用いられていたが、それは時の経過とともに、大きな変化を被り、最終的にトゥアレグ文字〔すなわちティフィナグ文字〕になった。ティフィナグのアルファベットは四〇文字以上であるのに対し、そのうちの二三字のみからなるリビア文字は、〔ポエニ語とリビア語の〕両言語併記の〔ドゥッガの〕碑文に用いられていることから、より古いことがわかる。

ティフィナグ文字が、リビア文字を発展させたものだということは、疑いようがない。リビア文字の起源は、さまざまな議論があったが、フェニキア文字からの派生文字であることは明白である。いくつかのリビア文字が、リビア碑文と同時代の紀元前一世紀のケルト・イベリア貨幣に刻まれている［＊アイス］。リビア碑文のテキストは、一般にとても短い。それは、横書きあるいは縦書き、稀にはその両方で、また時には左から右へ、また右から左への両方で彫られたり、描かれたりしている。ごく稀な二言語の碑文では、文字列は横書きになっており、文字は右から左に読まれ、単語は点で区切られている。

一九五〇年頃、ラテン語ではないが、ラテン文字で書かれた碑文が発見されたが、それは母音が示された碑文であった。これらの碑文は、北アフリカのリビア碑文に対応するようである［＊ベギーノ・14―19頁：＊バセA．④・47頁］。

一部の研究者は、今日のベルベル語を用いて、この碑文の翻訳を試み、一定の成果を得た。その他の研究者たちは、代替案を提示することなくベルベル語との親族関係を全否定した。

おそらくスペイン南部からもたらされたと思われる、九世紀のヘブライ語の土占いの写本は、ベルベル語で書かれた一六個の土占いの字形の名前について言及しているが、それはまだ刊行されていない。十二世紀のアラビア語の史料は、我われが知っているベルベル語に近い、およそ一五の文章を記述している。十八世紀には、アラビア文字で書かれたアワザーリーのシルハ方言の詩が伝わっているが、それは今日のベルベル語に非常に近い。

さまざまなベルベル語方言は共通の起源を持っていたが、分化や分散によって、言語の差異が大きくなったため、文明の言語、すなわち、多くの人びとの間のコミュニケーションを可能とする、大きな一集団の共通の言語には決してなれなかった。このため、必要な時に使われた共通の言語は、常に外国語であった。たとえば、それはおそらくポエニ語、あるいは聖アウグスティヌスがカナン語と呼んだポエニ語の派生語であり、また時代や地域によってはラテン語であった。おそらくギリシア語も共通語となったであろう。そして間違いなく、アラビア語は、言語的に共通のセム的特徴を持っていたことと、音声学的に他のセム系語族と近かったことの利点を得て、普及したのである。実際に言語学者たちは、セム語を北セム語と南セム語とに分け、北セム語からはカナン語、アラム語、ヘブライ語などが派生し、南セム語からはシリア語を経て、アラビア語が派生したと説明する。

マグリブの言語は、確かに相対的には統一されたといえるが、その統一とは、外部の影響または圧力によってなされたのである。いずれにせよ、その土地の言葉を話す人びと――ポエニ語の話者たち、それからベルベル語の話者たち――を、一つの共通の言語、アラビア語が支配するようになった。

確かに、何人かのベルベル人は、セプティミウス・セウェルスのように皇帝となったり、帝国や王朝の創始者、あるいは国境も曖昧な程度の王国の君主になったりした。しかし、これらの偉業や獲得された威厳は、個人的なものであり、一時的なものにすぎなかった。アラブの諸王朝のもとでは特にそうであり、ベルベル語は決して文明の言語とはならなかった。それればかりか、ベルベル語はその被害を受けてきた。アンドレ・バセが指摘しているように、全てが――イスラームや都市の影響力の強まりも、支配的文化への憧れの気持ちそれ自体も――ベルベル語に負の効果をもたらしたのであろう。

イマズィゲン文明――すなわちベルベル文明――の特徴は、閉ざされたクランの支配が長い間、続いてきたことである。それは、家族や村の街区、あるいは村による個人の支配であった。

書き言葉の欠如と、こうした狭く孤立した社会組織のゆえに、この言語は、多数の方言に分かれた。表現や発音の仕方で、村ごとの差異はごくわずかかもしれないが、方言間の違いが確かに存在する。この違いというのは、距離に応じて増大する。確かに、「ベルベル」語の文法的な一体性は、何度も多くの研究者たちによって指摘されてきた。しかし奇妙なことに、同じ研究者が、たくさんの方言の存在を強調してきた――ある人は三〇〇〇もの方言を、アンドレ・バセは四〇〇〇から五〇〇〇もの方言の存在を指摘した〔*バセA.④・252頁〕。それにしても、異なる集団間の理解可能な程度を明確にしておく必要があるだろう。隣接する村の住民たちは、アクセントや発音の微妙な違いを自覚しながら、全て理解し合う。

また、二つの異なる村の住民は、互いの語彙の違いを念頭に置くことによって、全てを理解し合える。とは言っても「他者たち」が話す言葉が謎の言葉だとか、あるいは他者たちの慣習を残酷だとか、奇妙で非難すべきだとかいった同じ悪口が異なる村や部族、集団の間に広まることもある。しかし、〔こうした非難や悪口は、言語の違いから生じるのではなく〕その理由は、これらの村や集団が古い部族連合の見えない境界によって分断されているためであり、また彼らは同じ市場に行って交流することがないためである、ということを指摘するだけで十分であろう。〔部族間や集団間に言語学的な大きな差異があるものと思って〕民族言語学者が聞き取り調査をしても、すぐに失望することになるだろう。せいぜい、わずかな音声学的な、または語彙的な違いを発見するだけである。ベルベル語地域とそのなかに小島のように存在するアラビア語地域との言語分布図は、音声学的にも、語形論的にも、また語彙的にも、意味論的にも境界が錯綜していることを明らかにするが、それ以上のものではない。

とはいえベルベル語は方言の多様さのゆえに、コイネー、すなわち共通の言語になれなかったのだと言うつもりはない。それよりもベルベル語世界に特有の諸制度が、共通の言語になることを妨げたのである。コーラン学校とフランス語学校は、アラビア語とフランス語を広めるのに大いに貢献した。しかし、地中海の北の国々への——特にフランスへの——移民は、ベルベル語の使用を終わらせ、ベルベル語はほぼ死語に近い状況に置かれている。確かに、ベルベル語は、初め、他の多くの言語と同様に、羊飼いや果樹栽培者、農耕民の言語に適していた。アンドレ・バセが指摘するように、「ベルベル人たちは、言葉のごく些細な意味の違いであっても、それが彼らの文明の一部になるや、その差異を表現するために別の言葉を用いた。それほどまでに、彼らは微細なニュアンスの違いを感じる鋭い感覚を持っていただけに、一層、おのずと多様な語彙をもつ言語を作ったのである」〔＊バセA. ④・262頁〕。アンドレ・バセは続けて述べる。「たとえば、トゥアレグは、動物がうずくまる動作でも、前足を前に伸ばしてうずくまるか、折り曲げてうずくまるかで、異なる動詞を用いる」。

しかし、正確な表現をすることが、曖昧な表現のままであることよりも言語的に未発達なのであろうか？　大言語学者であった、そして今もそうであるアンドレ・バセは、フランス語には、異なる動物の鳴き声を表現するために驚くほど多様な動詞があることを忘れてしまったようだ。すなわち、鷲の鳴き声はグラピール（甲高い声で鳴く）、あるいはトロンペテ（ラッパのように鳴く）、キジの鳴き声はジェミール（もの悲しい声で鳴く）、カケスの鳴き声はカジョレ（さえずる）、ワニの鳴き声はス・ラマンテ（哀れな声で鳴く）、サイの鳴き声はバレテなど、合わせて八四の動詞が使い分けられているのである。もちろん、フランス人は狩猟民族でもないし、フランスの田舎にサイやワニが生息しているわけでもない。

聖書のヘブライ語、ギリシア語、ラテン語、アラビア語、および大部分のアジア諸語は、今日、現代人の思想を容易に表現できるようになった。ともかくも、ヘブライ語とギリシア語は、あらゆる分野において、現代科学研究のために用いられるようになっている。

しかしながら、言語の一つの基準〔思想を表現する書き言葉であること〕だけに注目する必要はないだろう。ベルベル語が言語的マイノリティであることは興味深いが、それが問題とされているのではない。同様にその言語が歴史の媒介者になっていないことも、またアラブの旅行者によって誤って伝えられ、フランスやイギリス、ドイツの歴史家によって引用された、言語に関する伝説上の系譜や神話が複雑にもつれ合っていることも問題なのではない。

問題とすべきことは、ベルベル人のいずれの集団も、真の思想——世界観や人間観、また、世界における自らの位置づけなど——の大系を織り上げ、自らのうちに非常に多くの、本質的で文化的な事実を有していることである。この大系は、人間と、同じ集団意識から生まれた諸制度と、彼らの手で作られた製品とを結びつけている。

ベルベル人は、支配言語が何語であろうとも、関係をもった諸民族の思想に影響を与えつつ、数千年にわたり、マグリブ史の緯糸を紡いできたのである。確かに、我われが十九世紀から用いているようなネイションという概念に相当する、ベルベル・ネイションは存在していない。しかし、今日の指導者には時として煩わしくなる民族的集団は存在する。ベルベル文明は、地中海の諸文明の継承者であり、数世紀にわたり、ローマには学者を、キリスト教には教会の司教を、イスラームの帝国には王朝を、イスラーム教には聖者を供給することができたのである。そればかりか、ベルベル文明は、村々や境界もはっきりしない地域の名誉や独立のために、さらに、一つの思想のために——払うべき犠牲が彼らにとってあまりに大きく、〔自らの文明が〕西欧世界のなかで滅亡しかねないほどであっても——反逆する人たちを生み出すことができたのである。

第四章　ベルベル人とマグリブの歴史

Ⅰ　カルタゴの起源

我われの理解では、マグリブは、シチリアのディオドロスの史料によって歴史に登場するようになった［『歴史叢書』V, 20］。すなわち、「フェニキア人は、はるか昔の時代から、交易のために、絶えず航海をし、リビア沿岸に多くの、そしてヨーロッパの西部沿岸にいくつかの植民都市を建設していた」。同じ著者によれば、これらの拠点は、ガベスの建設より以前に存在していたと考えられる。

ストラボンも、フェニキア人の航海について「〔フェニキア人は〕沿岸に諸都市を建設しながら、ヘラクレスの柱の向こうまで到達し、そしてトロイ戦争の少し後には、リビアの中部沿岸にも進出した」［前掲書I, 3, 2］、また「フェニキア人は、ホメロスより前の時代に、イベリア半島とリビアの最良の部分を領有していた」［III, 2, 14］と述べている。他の著者たちによれば、カルタゴは紀元前八一四年か、八一三年に建設されたらしい。

紀元前五世紀初め頃、カルタゴは地中海における最強の海洋・商業国家であり、この時代まで、唯一の海洋帝国として地中海に君臨していたのである。

カルタゴの市壁の外側の土地は、慣習上、原住民に属していた。カルタゴは、その建設以来、占有地の地代として毎年、貢納金を——誰に対してかは不明だが——支払っていた。

人口の増加と安定した財源を確保する必要性から、カルタゴは、より広大な領地を所有することを目指して、同時に、マグリブに対する主権を主張することによって、原住民への貢納の支払いを止めた。

帝国段階に入る前、遅くとも紀元前七世紀からカルタゴは拡張政策を採っていた。すなわち、紀元前六五四年頃、植民都市イビサを建設し、その一世紀後には、シチリアとサルディニアにも進出した。北アフリカに、フェニキア人、続いてカルタゴ人によって建設された商業基地は、金属の交易路の戦略的な拠点と一致する。

ところで、ポエニ戦争時にマグリブに割拠していた以下の三王国が成立した事情はよくわからない。紀元前四世紀には、大きな部族連合がモロッコ北部に現れる。それが、マウレタニア地方のモウル人の王国[1]である。その領域は、南はガエトゥリア人の国と境界をなし、東側はムルーヤ（ムルーチャ）川下流でマサエシュリー王国と接し、その東方がマッシュリー王国、さらにカルタゴの領土となる。

マサエシュリー人の国の領域は、東は、キルタ（コンスタンティーヌ）の町およびその北方のブーガルーン岬にまで及んでいる。我われは、マサエシュリー人の王（アグッリード）、シュファックスの名前を知っている。彼は、カルタゴを支援し〔大スキピオ率いるローマ軍と戦ったが、敗れ〕、その権力は、カル

1 マウレタニア王国。同名だが、ユバ二世の王国とは別。

タゴの権力とともに紀元前二〇三年に崩壊した。

マッシュリー人の王国は、キルタ地域の東部に広がり、その境界はカルタゴと接したが、カルタゴの領土拡大とともに、少しずつ後退した。マッシュリー王国の大王、アグッリード・マシニッサは、自らの運命を大スキピオとローマ帝国に委ね、彼らの側について戦った。紀元前二〇三年、彼のキルタの進出は、マサエシュリー王国を終焉へと導いた。やがて、マシニッサは、ムルーヤ川からトゥスカ（後のタバルカ）にまでに及ぶ、マウレタニアとカルタゴ地方の全域の支配者となった。

もちろん、マグリブが、一つあるいは複数の独立した諸王国の土台の上に政治的統合体、さらに民族を形成できる、間近な状況にあった、ということでは決してない。

ストラボンによれば、マシニッサは、ベルベル人の農業の発展に寄与したようである。[1] 彼の治世下では、農民たちは砦の築かれた村に集まって生活した。〔フェニキア人が築いた〕海岸諸都市の構造から着想を得て、彼は新しい都市にスーフェース[2]（ポエニ語でショフェーティム）と呼ばれる政務官を有するフェニキア風の行政組織を設けた。

おそらく、現実は、ストラボンの言葉ほど「ローマ的」ではなかった。ベルベル人の農業は、あらゆる穀物栽培と同様に、新石器時代にまで遡る。社会秩序が安定すると、農民たちは、古い慣習に従い、一時期、農作業を休み、選ばれた政務官のもとに集まった。この政務官は、外見上、フェニキア都市のスーフェースに似ている。

このマシニッサ王は、フェニキアのアルファベットからリビア文字を創り出すことに実際に貢献した人だろう。リビア碑文の銘には彼の死後十一年後の日付が記録されている。ティトゥス・リウィウスによれば、マシニッサ王は、アフリカはアフリカ人の所有でなければならないと宣言した。国土をマウレタニアからキレナイカまで拡大することによって、彼はこれを実現しようとしたのである。ローマの保護によって、彼はカルタゴの領地を次々と奪い取ることができたが、それもローマのカルタゴに対する勝利とカルタゴの崩壊とともに終わった。

Ⅱ　ローマ領アフリカ

紀元前五世紀後半頃、カルタゴは、敵対者であるエトルリア人によって地中海の北から追い出された。かくして、カルタゴは、地中海の南側、つまりアフリカの強者になった。

紀元前五〇九年、カルタゴと新興の共和国であるローマが協定を結んだ。しかし、その後、カルタゴにとって、ローマは徐々に競争相手となり、やがて敵対勢力となり、ついにポエニ戦争では憎き敵国と

1　カルタゴの『マゴの農書』に記述されている穀物栽培や、多様な果樹栽培と牧畜技術などが北アフリカの社会に伝えられたと言われる。

2　スーフェースとは、裁く、治める、の意味の名詞で、カルタゴ国家における行政上の最高長官職。

なった。

ベルベル人の君主たちは、繰り返される歴史の先例となって、土壇場で勝者〔ローマ帝国〕の側に寝返り、彼らの前日までの同盟者〔カルタゴ〕を悲劇的な敗北へと追いやった。

フェニキア人から「解放された」北アフリカにとっては、主人が変わっただけであった。一〇名から成る元老院委員会は、ローマ領アフリカの創設を決定した。ローマ領アフリカの統治は、平常時には高位の行政官であるプラエトル〔属州総督〕に、また重大な問題が生じた時にはコンスル〔執政官〕に任された。

植民地化の歴史はすぐに、その最初から変わることのない法則を作り出したと思われる。というのも、グラックス兄弟は、ローマの経済問題の当面の解決策として、アフリカに植民市の建設を考えていたと思われるからである。[1] しかし、他の者は、おそらくアグッリード、すなわち戦争指導者のもとに一時的に統合された部族集団でしかない「ベルベル諸王国」を維持していく方が賢明であると考えていた。これほどまで、アフリカにおいて、勝者〔ローマ〕は、政治思想のなかに、また敗者の諸制度のなかに自らの力を反映させようとしたのである。

ローマはマグリブの植民地化を始めたときに、カルタゴ人とベルベル人の土地を没収してそれを公有地に変えた。[2] 不安定であったが、土地所有権を保持することのできた臣民は、被征服者に課せられた税であるスチペンディウムを支払い続けた。ローマ共和国は、フェニキアの慣習に忠実であった農民たちの境遇に全く関心を払わなかったし、また彼らの行政組織や慣習法をも無視した。

ポエニ戦争でローマの勝利に貢献したマシニッサの死後、彼の王国は、勝者スキピオ・アエミリアヌス〔小スキピオ〕にとって、突如、脅威になった。その王国は、三人の嫡出の男子に分割相続された。年長のミキプサは、首都キルタの経営を任され、グルッサは軍司令官となり、マスタナバルは司法権を得た。グルッサとマスタナバルの死後、全権を手に入れたミキプサは、ローマに忠誠を誓い、小麦と兵士、象を供出した。国内では、ローマの忠実なる同盟者として彼は父マシニッサの政治を三十年の間継承した。ミキプサは、二人の男子、アドヘルバルとヒエンプサルに自らの権力を分配しようと考えていたようである。しかし、ユグルタが問題だった。マスタナバルの庶子であった彼は、権力から排除されることを拒絶した。

ミキプサは、ユグルタの人気とローマの圧力を考慮しなければならなかった。そこで、彼は、ユグルタを認知して嫡出子として自分の養子にする一方、二人の子、アドヘルバルとヒエンプサル、および甥

1　ローマは、退役軍人に年金支給の代わりに、北アフリカに植民市を建設し、土地を与えて彼らの生活を保障した。ローマの経済問題の解決策というのは、このことを指している。植民市にはローマ市民権をもつ退役軍人が入植し、ローマ風の都市制度が北アフリカに広がるきっかけになった。カルタゴ、セティフ、ティムガド、ジャミーラなどが代表的植民市である。なお、植民市はガリア（北イタリア、フランス地域）やヒスパニア、小アジアなどにも建設された。

2　ローマによって属州化された土地は、原則、公有地として扱われた。その地域の農民は、ローマに税を納めなければならなかった。

たちに王国を遺贈した。しかし、ヌミディア全土の支配を目指したユグルタは、ヒエンプサルを殺し、アドヘルバルと戦闘を開始した。その結果、アドヘルバルはローマに敗走した。ローマには、アドヘルバルの一派も、ユグルタの支持者もいたので、元老院は態度を決めかねていた。「植民地主義者」の少数派は、アドヘルバルを支持した。他方、民衆と自由主義者はユグルタに魅了されてしまい、さらにこのベルベル人の君主がおりよく、特に調査委員会のメンバーに配ることができた金品に心を奪われて、〔元老院の多数派が〕彼の支持に回った。

ローマの混乱につけ込んで、ユグルタはアドヘルバルの領地に侵入し、自らを認めさせるため大胆にも再びローマに行った。ユグルタにとって、ローマの中心においてですらライバルの君主たちを殺害することができた王アドヘルバルを解任するためには、元老院の力を借りる必要があったのである。サッルスティウスによれば、永遠の町ローマを去るとき、ユグルタは、〔ローマの〕植民地史において有名な次の言葉を残した。「ローマでは全てが金で買える」。

紀元前一〇九年春、テウトニ族の侵入に脅かされていたローマは、ユグルタの王国〔ヌミディア王国〕への侵攻を、その隣国〔マウレタニア王国〕に命じた。ユグルタは敗北し、投獄され、「トゥッリアヌムの牢獄で六日閉じ込められた後、絞殺された。だがこの紐は彼を空腹の苦しみから解放したのである」〔*ジュリアン、第一巻・117頁〕。

ベルベル諸王国は、実際のところ、ローマの枠組みの一部でしかなく、王国の中心人物たる「正規の交渉相手」も、彼らの民衆を代表する権威者ではなかったし、ローマの保護を受けている人物でもなかった。ローマが〔北アフリカの支配のために〕折り合いをつけようとした相手は、このような不安定な諸王国であった。

アフリカは、ローマにとって原動力の貯蔵庫となっていた。カエサルとポンペイウスの戦場となったアフリカは紀元前四七年にカエサルに勝利をもたらし、再びローマの人口過剰を解消する希望の地になった。

カエサルは、アフリカの土地を退役軍人に分配することによって、小規模ではあるがローマ人たちの植民を奨励した。この植民政策は、グラックス兄弟の時代と同様のものであった。それは、ローマ領アフリカを、ローマの直接支配下に置き、植民と開発の両方に役立つコロニーとすることであった。ローマは、傀儡君主としてユバ二世に王位を世襲させることによってベルベル人の慣習――ローマはそう考えていたが、実際には世襲君主制はベルベル人にとって未知の概念であった――に、十分な譲歩をしたように思われていた。彼の息子であるプトレマイオス（トロメウス）（後二三または二四〔没〕）は、統治下にあったはずの民衆の心が彼からすっかり離れてしまっていたので、「ローマ風」の堕落した生活を送らなかったとしても、歴史家たちが言っているように、もはや無為に過ごすしかなかった。

紀元一世紀のこれらの王国の運命は、あまり知られていない。

東部では、ヒエンプサルが二十年以上統治をした。カエサルは、自分の対抗者であるポンペイウスを支持していたマシニッサとユバ（一世）の王国を廃絶し、従来の旧アフリカ州（アフリカ・ヴェートゥス）とは別に新アフリカ州〔アフリカ・ノヴァ。州都はキルタ（現コンスタンティーヌ）〕を創設した。それから二十年後、新旧二つのアフリカ州が統合された。[1]

アフリカにおけるローマの政策は、多かれ少なかれローマの公職者の直接的権威下に置かれた植民都市の創設と、ベルベル諸王国――その領域ははっきりしないが――の承認とが交互に繰り返されたところに特徴がある。

アグッリード（複数形イグッリーデン）の語は、誤解されやすい。この語は、今日我われが理解する意味での「王」でもなく、あるいはローマ人が理解していた「蛮族《バルバルス》の王たち」のような意味での王でもない。最近のいくつかの慣習法史料には、アグッリードが、複数の村あるいは部族会議の長や、軍事行動の期間や場所が制限された一人あるいは二人の戦争指導者を指すときに用いられる例がみられる。このアグッリードの語源は、ベルベル人の「法の精神」によってではなく、ベルベル人の慣習的制度を知らないローマの支持によって選ばれた、かつての戦争指導者――今では、臣民たちは、アグッリードの語を、同じ村や部族の者で、せいぜい鍛冶屋の息子か、その程度の長としてしか理解しないとしても――に由来していた。

紀元前二五年、皇帝アウグストゥス[2]は、マウレタニアにユバ二世のための王国――マウレタニア王国――を建設した。ユバ一世の息子であった彼は、帝国の人質であり、また保証人としてオリエントから連れてこられた他の「王子たち」とともに、王となるべく、ローマで育てられた。彼は、保護者オクタウィアヌスの姓と名、ガイウス・ユリウスを与えられた。しかし、ローマ市民にのみ与えられる執政官の官職とともに、称号「ユバ王」を与えられた後は、決してこの姓名を名乗らなかった。

この王国の創設は、これまでの諸王国の創設と同様に、ローマにとってアフリカにおける軍の削減を可能にした。というのも、「植民市」は存続したが、マウレタニアの王からは独立し、ローマ領ヒスパニア属州総督の支配下に置かれるようになったからである。実際には、ベルベル人の諸王国は――何よりもユバ二世の王国は――ローマの保護領だった。

アウグストゥスはまた、クレオパトラ・セレーナ、すなわち、クレオパトラとマルクス・アントニウスの娘を、ユバ二世の妻として嫁がせた。ユバはこれを喜び、都であるイオルの町（シェルシェル）を、カエサレアと名付けた。ユバ二世は、ローマの神話にならい、自らの祖先をヘラクレスとその伝説にまで遡らせ、この英雄をベルベル人の先祖だとした。ユバ二世治下に鋳造された多くの貨幣は、裏側に、ギリシア風のヘラクレスのシンボルが刻まれている。

確かに、ユバ二世は、地中海世界におけるベルベル的平等思想を最初に体現した人であった。大プリニウスは彼のことを次のように伝える。「ユバは、その治世によってよりも、その業績（博学な

1 アフリカ州の統治制度は、改廃が繰り返され複雑である。ヌミディア王国は、前四六年に滅亡し、新アフリカ州に併合された。アウグストゥスの治世（在前二七―後一四）に、新旧アフリカ州が統合され、アフリカ・プロコンスラリス州が設置、都は再建されたカルタゴとされた。マウレタニア王国は、一時、ローマの直轄支配下に置かれたが、前二五年、アルジェリア西部を加えて、マウレタニア王国として再建された。都はカエサリア（現シェルシェル）とされた。

2 オクタウィアヌスが元老院より与えられた称号。尊厳者の意。

研究〕によって、より一層名高い」〔前掲書 V, 16〕。

プルタルコスは、彼を、「最も学識のあるギリシア人の歴史家の一人」に数える〔『対比列伝』55〕。ユバ二世は、祖父ヒエンプサルが所有していた「ポエニ語で書かれた書物」を遺産として継承したと考えられる。また彼は、ローマの元老院がかつて彼の家系の王子たちに贈った図書を蒐集した人でもあったようである。

彼は、直接的な情報を得たいと望み、ナイルの水源と、カナリア諸島——こうした地域は、今日ではベルベル文明は存在していないが、かつてはベルベル人の居住地であった——に調査隊を派遣した。調査結果は彼の著作のなかの一冊にまとめられた。プリニウスが、ナイルの水源について知ったのはこの記録によってであった〔前掲書 V, 51-53; VI, 202〕(セグロの論文参照)。

ユバ二世の著作の大部分は、出典が明記されずに他人の著書に引用され、残りは散逸してしまった。散逸した著書のうちで最も残念なものは、王が書名を『リビア』と名付けた著書である。

プリニウスによる一節によれば、ユバ王はアトラス山地と、彼が貝紫色の島々〔モガドール〕に建設した貝紫染色所について記述しているようである〔プリニウス、前掲書 VI, 201〕。

実際、ユバ二世は、プリニウスの『博物誌』のなかでしばしば——少なくとも一六篇で——言及されている。プルタルコスは、対比列伝(ロームルス、ヌマ、スッラ、セルトリウス)のなかで、また、『ローマ人の問題』や、『動物の知性』についての論考のなかで彼について引用している。

二世紀末、医師ガレノスは、トウダイグサという植物に関するユバ二世の論考を入手した〔『ガレノス全集』一三巻・271頁：*グセル、八巻・274頁〕。五世紀には、コンスタンティノープルのステパノスがユバ二世の『ローマの歴史』を読み、その抜粋を自身の『地理学事典』に採録した〔*グセル、Ⅷ巻・276頁〕。

プトレマイオスは、ユバ二世とクレオパトラ・セレーナの息子——おそらく唯一人の息子——であり、紀元後二三年に父親が没したとき、十歳くらいであった。元老院議員が、彼のために、象牙の王杖、刺繍されたトーガ（長衣）とともに、王、ローマの同盟者、ローマの友という称号を携えて彼の下にやって来た〔タキトゥス『年代記』Ⅳ, 26〕。

マウレタニア王国の新王となったプトレマイオスはローマ風に育てられ、従兄弟であるローマ皇帝ガイウス・カエサル——後にカリグラの添え名でよく知られる——に妬み心を抱かせるほど、贅沢な生活を送った。カリグラは、三頭政治の執政官マルクス・アントニウス——ユバ二世の父——の子孫であった。曖昧な書き方であるが、セネカの一文〔『心の平静について』XI, 10〕は、カリグラが、プトレマイオスを逮捕、追放した後に、殺害したことを窺わせる。

ローマがローマ思想を地中海世界に熱心に広めようとしたために、ギリシア語でベルベル思想を著述した学者、ユバ二世の思想的輝きがその犠牲にされたのか？

Ⅲ　ベルベル人の反乱

皇帝カリグラはマウレタニアをローマ帝国に併合し、次の皇帝クラウディウスはそれを二つの帝国属州、すなわちマウレタニア・ティンギタナとマウレタニア・カエサリエンシスに分割した。ローマはベルベル地域の全土を、四二年から四三〇年のヴァンダル侵入までのおよそ四世紀間、自らの支配下に置くことになる［＊ジュリアン、第一巻・127頁］。

しかし、この間にも、その勢いも規模も異なる、ベルベル部族の反乱が時折おこった。指導者が平定できない時には、ローマがそれに立ち向かい、鎮圧のための遠征部隊を派遣した。それでも、二三八年まで、ローマの支配それ自体が問題とされることは決してなかった。[1]

ティベリウスの治世には、ベルベル人の指導者、タクファリナスが七年間、ローマ軍を苦しめた。この反乱について伝える史料はタキトゥスによる以下の数行の記述だけである。「同年（西暦一一七年）、アフリカで戦争が勃発した。反徒たちは、その長にタクファリナスというヌミディア人を戴いた。彼は、以前ローマ軍に仕えていたが、その後、ローマ軍から離脱したのだった……」。

「最初、彼の下に結集したのは、山賊や追剝、放浪者たちであり、彼はこうした集団を率いて略奪を行った。その後、彼らを、正規の歩兵隊と騎兵隊として組織した。やがて、彼は、山賊や追剝の長から、アフリカの砂漠の縁近く、都市の存在しない地域を渡り歩く勇猛な土民であるムスラム部族集団の軍事指導者へと成りあがった」。

ムスラム部族集団は蜂起し、マズィッパを長とする、隣人のモウル人たちを反乱に誘い込んだ。二人の長は、軍を分割した。「タクファリナスは、ローマ風の装備をしたエリートの兵士たちを指揮し、彼らが規律に慣れ、命令に従うように監督した」。

しかし、ローマ軍に仕えた経験のあるタクファリナスは、ローマ軍の重装備の欠点や、ローマの野営基地は設営までに時間がかかり、骨が折れることを知っていた。それゆえ、〔蜂起に際し〕もう一方の長であり、軽装備の兵士たちを率いていたマズィッパが至るところで火炎と恐怖をまき散らす遊軍の任務を負った。

この反乱は、西はマウレタニア、東は小シルト〔現ガベス湾〕にまで広がり、ローマ領アフリカ全土に不安定な状況を作り出した。タクファリナスは、皇帝ティベリウスに使者を派遣し、もし、ローマ領になった大部分の地を自分に譲渡しないならば、戦争は果てしなく続くだろう、と脅した。

新しい属州総督になったクィントゥス・ブラエススは、柔軟な戦術を用い、マズィッパの軍団との戦いでは、ゲリラ兵にはゲリラ兵を立ち向かわせ、タクファリナスによって指揮されたローマ風の軍団に対しては、第三アウグスタ軍団を立ち向かわせた。

1　二三八年、皇帝マクシミヌス・トラクスに対してチュニジアのエルジェム地域で起こった反乱。反乱者たちは新皇帝を擁立し、元老院にも承認されたが、結局、鎮圧された。

タクファリナスの敗北と彼の戦死によって、ローマはアフリカ属州を南へと拡大し、また東はジェリド湖まで領域を拡大させた。こうして北部の肥沃な地域を守る緩衝地帯がローマの支配下に入った。ムスラム部族集団の地域にローマの権威を確立するため、第三アウグスタ軍団がオーレス地方に駐屯した。

七つの都市が、カルタゴと断交することを条件として自由を得た。これらの都市は、自治権を得たが、貢納——と、おそらく軍役も——の義務を負った。

アフリカ属州の都市では、帝国領の他の地域と同様、ローマにおいて強まっていた社会的流動性——上は属州執政官職から下はローマ市民権の獲得までの道が開かれていた——に満ちた中産階級が形成された。しかし、アフリカ属州では、元老院議員のなかから皇帝によって任命された高官がいるにもかかわらず、また兵員数が毎年元老院によって決められた軍が存在したにもかかわらず、同盟者たるアグッリード〔ベルベル部族の王たち〕に頼ることが、ローマの植民地統治の重要な柱であった。ローマは、アフリカ属州の直接統治も、中央集権的統治も目指してはいなかったのである。

ローマの植民地支配は、アルジェリアがその後、〔歴史を通じて〕経験することになるあらゆる植民地制度の先駆けとなった。すなわち、ローマが草案を作った植民地制度は、その後、さまざまな過程と段階を経つつ、アルジェリアにおいては十数世紀にわたって存続することになる。アウグストゥスの治世下には、カルテンナス（テネス）、サルダエ（ビジャーヤ）、ルス・アズ（ポール・ゲイドン）などにローマ支配を安定させるための退役植民市があり、その後、その植民市にイタリアからの植民者が移住し、自らの社会組織を保持していた土着民と一緒になった。ローマのパグスがベルベルのタッダルトと共存したのである。この二つの集落の概念は、どちらもシテ〔都市〕という概念に由来している。[1][2]

ローマ人たちに、初めて一つの問題が提起された。それは、植民者の個人的な所有で、境界が明確な土地と、遊牧民が集団的放牧権を有する土地との対立であった。その解決策は、将来に禍根を残すことになった。すなわち、アフリカ生まれ——定住ベルベル族出身——で、ローマ皇帝になったセプティミウス・セウェルスは、遊牧民の土地を没収し、公然と遊牧民に戦いを挑んだのである。遊牧民のなかには、みじめな定住生活を受け入れない者もいた。というのも、すでに、都市にはスラム問題が生じていたからである。彼らは、要求を拒絶されて、激しく怒り、サハラへと退き、反乱の準備をした。

軍団が皇帝の生殺与奪の権を握っていた帝国において、その中心に位置したローマはウルブス——都市のなかの都市——となったが、政治的には不安定な時代を迎えた。終焉を迎えようとしているあらゆる文明と同様に、国家によって管理された〔ローマ帝国の〕経済は、納税者たち——彼らは負担に消極的になり、養ってやる必要のあった有閑階級の多さに比してあまりに数が少なかった——を押しつぶしてしまうような税制に基づいていた。

経済問題は三世紀に勃発した。国家は、財政への介入を深めることによってそれに対処しようとし

---

1 集落の意味で、ローマ人退役軍人が集団で入植し、形成した集落を意味する。
2 ラテン語の civitas に由来し、市民共同体的概念を内包している。

た。しかし、ローマにおける皇帝の乱立と混乱のため、帝国の防衛は疎かにされ、それに加えて、時代の終わりを象徴するかのように、セウェルス・アレクサンデルの治世が始まるや、ベルベル人の反乱が勃発した。二五三年には、反乱はヌミディアとマウレタニア・カエサリエンシス、すなわちローマ領アフリカ全域に広がった。

反徒たちは、ローマの内部の混乱、つまり皇帝ウァレリアヌスとその対抗者でアフリカ出身のエミリウスの対立を知っていた。彼らはまた、ペルシア人やゲルマン人、ゴート人が帝国の境域を圧迫するという外部からの脅威と混乱についても知っていた。

反乱は、バボール山地〔アルジェリアのセティフの北〕で勃発し、瞬く間に五部族連合〔クインクエゲンテス〕、つまりイガワウェン部族連合の地域に広がったようである。さらに、イフリッセン部族――ローマの歴史家が言うところのフラクシネンセス部族[1]――を始めとするその他のベルベル諸部族が五部族連合に加わり、反乱はビジャーヤからデリースまでの諸都市およびジュルジュラ山脈から地中海までの地域に及んだ。土地は襲撃、破壊され、キリスト教徒の村は身代金を強要され、教会は反徒たちと交渉を試みた。聖シプリアンは、捕虜を請け戻すためにおよそ一〇万セステルシウス銀貨を反徒たちに送った。

二六二年、ローマにおける政治秩序の回復とともに、帝国全体に一時的な安定が戻った。帝国の危機は十年前から続いていたのであり、またそれはマウレタニア・カエサリエンシスの各地で断続的に起こったベルベル人の反乱によって表明されていた。しかし、〔帝国に一時的な安定が戻ったとしても〕部族はすっかり反逆を志向するようになっていた。不穏な空気がアフリカ全土を覆っていた。「ローマの平和」

は、もはや単なる言葉、記憶でしかなかった。

四世紀初頭、ディオクレティアヌス帝統治下で行われた改革により、属州は八つに分割されたが、行政区を増やすことでは秩序は回復されなかった。アフリカのローマ軍は、その改革後は、一層柔軟性や威信を失い、軍事力それ自体が低下した。[2]

Ⅳ　キリスト教の伝来とキリスト教帝国

ローマとベルベル人の間には宗教対立はなかった。前者にとっての神々や皇帝たちは、後者にとっての守護神であった。また、ローマ軍兵士によって、聖なる樹木や泉――すなわち「マウリ人の神々」――に捧げられた多数の石碑が知られている。

おそらく、非常に似通った、この二つの宗教概念の出会いのなかに、全ての人間が兄弟であることを願っていた、アフリカ人の新しい宗教への熱情の萌芽を見てとる必要があるだろう。

1　カビリー地方に住むベルベル族でローマにしばしば反乱を起こした部族として知られていた。
2　これは、改革後、正規軍の第三アウグスタ軍団が解体され、軍隊は小規模な国境防衛部隊のみになり、国境地帯で何かあっても援軍にかけつける正規軍がいなくなった状況を説明している。

キリスト教はローマ帝国の跡を追ってマグリブに入ってきた。しかし、山岳地域に関しては、小規模の守備隊が基地に配置されるのみであった――しかも守備隊は必要な場合にしか地域住民に近づかなかった――ので、キリスト教は、長い間、浸透しなかった。〔アルジェリアの〕オーレス、カビリー、ビーバーン、ダフラ、ワルスニス、テサラなどの山岳地域、さらに〔モロッコの〕リーフ地域では、ベルベル人たちは自らの言語を保持し、また疑いもなく、自らの宗教的、政治的慣習をも保持した。しかし都市や港町には、多くの教会堂が、新しい宗教の栄光のために建設された。コンスタンティヌス帝の改宗は、公認の教会と世俗権力の連帯を確認するものだった。

新しい思想が十分に理解されなかったことが、教派分裂の原因となり、頻繁に起こる反乱に、怒りを爆発させる口実を与えることになった。反徒は、しばしばキリスト教の理想の名において、富者を襲い、貧者を保護し助けた。こうして、反徒は、大衆の称賛を得た。キリスト教によって伝えられた新しい思想は、〔ベルベル人の〕一般民衆にも知識人エリートにも、〔ローマ帝国の〕国家の権威や軍隊を憎むべきものと思わせた。

かくて、帝国によって支えられた教会は、異端派のドナトゥス派と戦わなければならず、また、反乱、すなわち、キルクムケリオーネス――穀物倉の周りをうろつく者たち――の反乱を鎮圧しなければならなかった。[1]

V　ゴート族

四一〇年、アラリックは、何らかの啓示またはお告げに基づき、ゴートの人びとをローマ領北アフリカに移送するために、艦隊を艤装した。しかし、その試みは失敗した。

四二九年の五月、ガイセリックはヴァンダル族、アラン族、ゴート族から成る一団を率いてアフリカに上陸した。その数八万人、このうちの一万五〇〇〇人は兵士であった。彼は行軍の道中、ローマに対する反乱分子たちを味方につけることに成功した。この反乱分子たちは、ローマ側についていた人や物を、虐殺し、破壊する用意をしていた。

しかし、ある程度肥沃な土地は全て、すでにヴァンダル王国に併合されていた。その後まもなく、その他の全ての土地がヴァンダル王国の領地になった。

こうした諸民族の侵入によって、ギリシア人、フェニキア人、帝国全土からやって来たローマ人の諸要素が堆積されていたベルベル人の基層社会の上に、さらに民族（ヴァンダル）的、文化的、言語的な新しい要素が加わった。

1　キルクムケリオーネスとは、古代末期の北アフリカで反乱を起こした貧農たちをさす。彼らは、キリスト教異端ドナトゥス派と連携したのでアウグスティヌスによって批判された。

人びとを平等にし、偏見をなくすことを説くキリスト教は、ローマ領アフリカを一つのキリスト教徒民族にすることができたはずであった。しかし、そうならなかった。それは、キリスト教の到来が遅すぎたためだったのか？　さまざまな民族集団の生活水準が違いすぎたためだったのか？

VI　アラブの征服とイスラーム

〔ゲルマンの〕蛮族〔ヴァンダル族〕によって組織されたアフリカは、東ローマ帝国にとって脅威であった。それゆえ、アフリカの再征服は、不確実なものであっても、成さねばならなかった。かくて、ビザンツ帝国の将軍ベリサリウスは、ヴァンダル王国最後の王ゲリメルの軍事的失策につけ込んだ。ヴァンダルとの戦いは、ローマ〔東ローマ帝国〕の輝かしい勝利をもって終わった。

ローマは、アフリカを再編したが、東方からの蛮族の侵入によって燎原の火のように拡大した反乱に対処しなければならなかった。オーレス地方はこうした反乱の中心であった。その間に、ローマは人口が減少し、権威は失墜し、宮廷の陰謀やキリスト教異端派の餌食となっていた。

アフリカでは、軍の編成も、軍による防備も確立していない中で、不安を抱えた大衆が、遊牧民の略奪から定住民の都市を防衛してくれる新たな秩序を必死になって探していた。折しも、すでに、東方では、新たな襲来者が軍馬の蹄音を響かせていたのである。

キリスト教とラテン語文明は、すぐには消滅しなかった。たとえば十一世紀のラテン語碑文がカイラワーンで見つかっているし、十二世紀においても、ガフサではまだラテン語が使われていた。〔とはいえ〕ビザンツ帝国下のアフリカでは、かつて数百もの主教区があったのに、八世紀の初頭にはもはや四〇ほどに減ってしまっていた。しかし、八世紀において、主教区の役割や重要性はどの程度のものだったのか？　ベルベル人はローマ化を拒否した。なぜならば、文明としてのローマはベルベル人に適合していなかったからである。

しかし、〔北アフリカのベルベル人地域への〕イスラームの拡大は——言語は、ポエニ語を介して、思想や一神教は、ユダヤ教、後にキリスト教、そして、ドナトゥス派の非妥協性を介して——すでに準備されていた。

六四〇年、アラブ軍はスエズ地峡を越えた。そしてエジプトとキレナイカが、彼らの手中に落ちた。征服者たちを分裂させた問題は、ローマ領アフリカに十七年の猶予をもたらした。アフリカの都市民は新たな侵入者の政治に不安を抱いていたが、それはすぐに払拭された。なぜならば、彼らのもとに到来したイスラームは、都市民の洗練された宗教だったからである。

預言者の死後十年が経った六三二年、彼の後継者たちはベルベル人の地域の一部を占領した。すなわち、キレナイカは六四二年に、トリポリタニアは六四三年に占領された。その後、チュニジアのビザンツ領に対する最初のイスラームの侵攻は六四七年と六四八年の間に行われた。

六七〇年、ウクバ・ブン・ナーフィウは広大な砂漠の平地にカイラワーンを建設し、それは、この都市が「永遠にイスラームの力の拠点として役立つようにするためである」〔＊イザーリー、第一巻・19頁〕と述べた。

ウクバは、一時、不興を買って指揮官の地位を解任されたが、六八一年、再び、アフリカにおける最高指揮権と、自らの皇帝を裏切ったジュリアン伯[1]からの豪華な贈り物とを受け取った。その政府がどこから来ようとも、安定をもたらしてくれるならば、それを正式な政府として喜んで受け入れるというのが〔ベルベル人の〕幸福な都市民のメッセージであった。

しかし、ベルベルの部族民にとっては、このイスラームの秩序は略奪や反乱の邪魔になる恐れがある限りは、受け入れがたいものであり、したがって彼らは、アラブと戦うため、族長クサイラの下に再結集した。アラブ軍はカイラワーン近郊でベルベル人と会戦し、彼らを完膚なきまでに打ち破った。その戦いが平地での戦いだったためである。族長クサイラも戦場に散った。

ベルベル人は、征服者に対し、異端派を、あるいは勝者の思想から分派したイデオロギーを、常に対抗させた。イブン・ハルドゥーンによれば、ベルベル人は、イスラームに改宗しては、すぐに棄教し、これを七十年間に十二回、繰り返したが、イスラームに対しては、イスラームをもって戦った。つまり、彼らは、宗教思想を隠れ蓑にして反乱を起こすことができた。ベルベル人がハワーリジュ派[2]を奉じて反乱を起こしたのが、まさにこれである。

確かに、アラブの歴史家がしばしば「背教」と呼ぶ現象は、国家と、その武装した宣教者たちが奉ずる新しい体制派宗教の到来――実際には、国外からの抑圧という別の側面もあったが――に対する〔反権力の」政治的反乱の表現そのものであった。

ベルベル人の攻撃の矛先は、支配的な思想の中心に入り込むことによって、また微妙な宗教理念を混乱させることによって、巧妙に神学的論理を装いつつ、実際には、スンナ派の正統性に代表される体制派権力――この場合はアラブ――に向けられた。

実際にベルベル人たちは、無名の男マイサラを指導者としてウマイヤ朝権力に反乱を起こした。水運搬人の反乱者マイサラはハワーリジュ派教徒であり、預言者ムハンマドの後継者を名乗った。このハワーリジュ派の反乱は、ウマイヤ朝アラブによって、いったんは鎮圧された。しかし、東アラブ地域でも、七四四年にウマイヤ朝に対する反乱が勃発し、六年後、同王朝が反乱者たちによって倒され、アッバース朝が権力の座に就くことになる。

イスラームは、一つの帝国として存続するにはあまりに巨大であったし、連合体を結成するには、時遅く、すでに分裂していたので、その広大な領土はいくつかの王国に分割された。一人のウマイヤ家の者が、コルドバに逃げ延び、そこに独立した首長国、のちの後ウマイヤ朝を建国した。カイラワーンでは、アッバース家出身の者アブドゥッラフマーンが、バグダードの権力に背いて独立を宣言したが、

1　数少ないアラブ史料によれば、ジュリアン（ユルヤン）伯は、ベルベル系グマーラ族の出身でビザンツ帝国に仕えるセウタとタンジェの統治者であったが、その後、帝国を裏切って西ゴートに仕え、さらにムスリム側に寝返ってイスラームのスペイン征服に重要な貢献をしたとされる人物である。ただし、実在を疑う研究者もいる。
2　アリー暗殺事件を契機に生まれたイスラームにおける最初の分派、党派。

七五五年に兄弟たちの刃にかかり命を落とした。

八世紀末、中部マグリブにベルベル人の支持を得て建国されたルスタム朝[1]は、一時、首都ターハルトからリビアのナフーサ山地まで支配権を拡大した。それは、まさにステップの帝国であり、国家の長には、信徒たちの共同体によって選出されたイマーム〔政治指導者〕が君臨した。このルスタム王国とともに、征服者に対するベルベル人の抵抗は全く新しい段階に入った。その特徴は、過度に豊かな物質文明に対し、苦行と赤貧の理想をもって立ち向かったこと、征服者たちの富裕さを——たとえそれが技術的な優越さやより緊密な社会組織に由来していたとしても——強奪によるものであるとして非難したことに示されている。

同様の主張をした別の異端派が、モロッコ中西部のターマスナー平原[2]のバルガワータ族のなかから出現した。彼らの指導者の一人、サーリフは、預言者を名乗り、ベルベル語のコーランを作成し、一種の宗教法を規定した。アラブの歴史家たちは、イスラームへの信仰心から、サーリフの思想については沈黙したため、結局、この異端派に関する情報はわずかしか伝わっていない。

すでに東方のバグダードでは、新王朝、アッバース朝の支配権が増していたが、この王朝は、あまりに遠方の地にある北アフリカには、安定した権威を確立できなかった。マグリブ西部、モロッコでは、アウラバ族の支持を得たイドリース朝が、タンジェからアルジェリアのシェリフ渓谷の地までの——おそらくは、さらにその先の地域までを含む——全てのザナータ族によって、イマームとして認められた。

ベルベル地域の東部、イフリーキヤにおいては、アグラブ朝がスーマーム渓谷からトリポリまでを統治した。このように、北アフリカのイスラーム世界は、西にイドリース朝、中央にルスタム朝、東にアグラブ朝[3]の三つの王国に分裂し、それぞれの王国が、領域内で独自の政治体制をとることによって〔アッバース朝権力に対し〕可能な範囲の抵抗を行っていたようである。

しかし、再び、ベルベル人たちは均衡を崩す。

八九三年、スーマーム渓谷の部族同盟が、イスラームを学ぶために、メッカに使者を派遣した。アラブの歴史家たちにクターマという部族の存在を信じさせることになったのは、この使者という資格であったのではないか。すなわち、使者は、ベルベル語でイグ・ターマン――文字通り、責任がある人たちの意味――という用語であり、〔歴史家たちはそのアラビア語表記クターマを部族名だと考えたのではないか〕他の全ての部族とは異なり、クターマだけは地名にも伝承にも何もその記憶が残っていない。それは、クターマが部族名ではなく、使者を意味する言葉であったことを示しているのではないか。そう考えることも不可能ではない。

この使者たちは、ウバイドゥッラーという者を自分たちの教育係として選び、彼を連れて故郷に戻っ

1　ルスタム朝は異端派のハワーリジュ派を奉じ、スンナ派のアッバース朝に対抗した。
2　原文にはオーレス地方とあるが、モロッコのターマスナー平原なので訂正した。
3　本文にはないが王朝名を補った。

た。彼は、シーア派の秘儀教団に属し、その信仰心が彼らの心をとらえたのである。かくして、隠れイマーム、時の主、マフディー〔救世主〕の信仰が、ベルベル人の山岳地に到来した。マフディーの信仰は、最近までそこに存続していた。

ウバイドゥッラーは、ベルベル諸部族を自分の周りに集め、小カビリー山地のイクジャーンに都を建設した。このイクジャーンという名は、一部のアラブの歴史家が主張する、「犬」（ベルベル語のアクジュン）を意味するのではなく、「小集落」を意味し、その場所は、今日の地名から、ビジャーヤ地域の四か所が可能性として考えられる。[1]

九一〇年一月十五日、ウバイドゥッラーは、正式にマフディーおよび信徒たちの長（カリフ）の称号、さらにイラン的イスラームの主題――これはマグリブの政治神話においても長い間、生き続けることになる――である「時の主」の称号を名乗った。彼は、チュニジアのモナスティール南方に首都マフディーヤを建設し、ファーティマ朝を創始した。

しかし、この国家も例外ではなく、一つの権威の下に留まるには領土が広大すぎたため分裂し、モロッコの一部は、後ウマイヤ朝の権威下に移った。

ファーティマ朝の統治の間、少なくともエジプトと北アフリカには平和が確立し、相当な繁栄がもたらされた。君主たちはペルシア風の豪華な宮殿に住んでいた。ベルベル人たちを、厳格さと戦闘からなるイスラームへと戻るよう煽り立てる必要性はもはやなかった。しかし、ウバイドゥッラーが没すると、アブー・ヤズィード――非妥協的なハワーリジュ派の徒――が行動を起こした。彼は、灰色のロバに乗り[2]、中部マグリブを経巡りながら、ベルベル人たちにファーティマ朝追放を説き勧めた。彼は、ファーティマ朝の腐敗を糾弾し、同王朝に代えて、信徒たちの共同体の創設を訴えた。そのような主張によって、彼はベルベルの農民の支持を得ることができた。彼の教義は、他の同じような主張と同様に、オーレス地方において、あっと言う間に成功を収めた。

アブー・ヤズィードの徒党は、遊牧民を蜂起させ、都市の襲撃へと駆り立てることによって、都市の住民や地主たちに情け容赦ない攻撃をしかけた。だが、アブー・ヤズィードは、スースの町の攻略に失敗した後、投獄され、拷問を受けて、九四七年八月に没した。

カイロに遷都したファーティマ朝が自らの王朝の代理人として残したのはズィーリーであった。ところが、そのズィーリーは、十一世紀にファーティマ朝に反旗を翻し、自らの王朝ズィール朝を建国、シーア派を放棄し、スンナ派に戻ることを宣言した。ズィール朝[3]は、ファーティマ朝が送り込んだ遊牧民の略奪に苦しんだが、他方でアルジェリアにアルジエ、ミリアナ、メデアの三都市を建設し、それらが近代的な都市へと発展する土台を築いた。

カイロのファーティマ朝カリフは、シーア派を棄てた北アフリカの王朝に対し、報復をしようとし

---

1 現在では、イクジャーンは、セティフの北東七〇キロメートルほど、アルバウーンの近く、ベニー・アズィーズ（ラフジャーン）であったことが確認され、遺跡も発見されている。
2 アラビア語史料ではアブー・ヒマーラ（ロバの男）として記述されている。
3 ここの一六〇二年は誤植と思われるが、はっきりしないので削除した。

た。上エジプトのステップ地帯に、恐ろしい武器である遊牧民のヒラール族が控えていた。彼らは上エジプトに退いていたが、カリフによってイフリーキヤに送り込まれるとまず、カイラワーンを略奪した。イブン・ハルドゥーンは、「彼らの略奪に突き進む様はまるでイナゴの大群のごとくであった」と述べている。

〔ズィール朝から分立してアルジェリアのムスィーラの北東に建国された〕ハンマード朝は、ファーティマ朝に忠実だったにもかかわらず、遊牧民の襲撃を恐れてビジャーヤに後退し、そこに首都を移した。その後、これらの遊牧民はベルベル部族に対する侵略をやめた。今日、このアラブ遊牧民は大カビリーにおいて、重要な部族集団を形成している。たとえば、デリースの近郊にベニー・スライム族、ゼクリー・ルーマ地方におけるベニー・フサイン族、アゼッフーンからチュニジアまでの地中海沿岸地域に、ベルベル人を事実上排除して居住するようになった諸部族などである。

ベルベル人地域は平穏な状態に戻った。そして、禁欲とイスラームの正統派教義に対する渇望――それ自身のなかに新しい国家の萌芽が内包されている、少なくともそう考えられていた――が再び広がっていくと同時に、諸部族が分立するようになった。

ベルベル人たちは、イスラーム世界に、新しい王朝――歴史家たちがそのベルベル的特性を無視してしまうほど、東方イスラームの制度的枠組みのなかで形成された王朝――を、供給することになる。

こうしてムラービト朝が、サハラの遊牧部族から生まれた。その起源は、ダーイー〔宣教師〕、ウバイドゥッラーのそれを想起させる。聖者イブン・ヤースィーンは、セネガルまたはニジェールの小島に軍事的修道所《リバート》を建設し、そしてその軍人修道士《ムラービトゥーン》たちは厳格なマーリク派教義に従った生活を送ることを受け入れていた。兵士の数は、すぐに三万人ほどになり、イブン・ヤースィーンは、彼らにイスラームの教義を教え、征服活動へと向かわせた。彼らの軍勢は、〔北上し、さらに東方に向かって〕アルジェリアへと進軍したが、ズィール朝の抵抗にあった。しかし、ムラービト軍の勢力は、すぐさまスペインに広がり、その支配は、数世紀にわたって文字通り「アラブ文明」の本質であった、このアンダルス文明を、開化、成熟させたのである。

　再び、物質的な繁栄は、イスラームの頽廃と、農村の果てしない悲惨さと対照をなす富裕者階層の出現とを招くことになる。それと同時に、武力によって厳格な正統派教義を回復しようとする、すさまじいベルベル人の意志が頭をもたげたのである。

　十一世紀の終わり頃、アンティ・アトラス山脈の小村に、神童の誉れたかく、「信仰の松明」と呼ばれた人、イブン・トゥーマルトが生まれた。〔彼の教えに従った人びとはムワッヒド（神の唯一性を信じる人）たちと呼ばれた。〕彼はマフディー——救世主の意味——を名乗り、ベルベル人のムワッヒド兵を率いて、時の王朝、ムラービト朝の打倒に立ち上がった。

　イブン・トゥーマルトは、一一二五年にティンマルに都を建設し、民主的な法に基づくベルベル人のイスラーム共同体を組織した。彼の死後、アルジェリアのネドロマ出身のアブドゥルムウミンが後継者となり、カリフ〔後継者〕の称号を名乗った。彼は、山岳民の常套手段を辛抱強く用いた。すなわち、自らは平地に降りず、敵が山に登るのを待つ、という戦術である。ムラービト帝国はまもなく崩壊した。アブドゥルムウミンはそこで、中部マグリブを徹底的に叩くことを決め、ステップ地域の都となっていたビジャーヤにまで進軍した。決戦は、セティフで行われた。ヒラール族は、もはや命がけの戦いであることがわかると、ラクダは足枷をつけたままその場に残し、妻子を率いて戦いを挑んだ。虐殺は四日間続いた。その後、ムワッヒドたちによって秩序が回復された。

Ⅶ 「ヨーロッパ人」

北アフリカの歴史が平穏な時期、イスラーム諸王国は地中海北部の公国や共和国と外交関係を築いた。すでにシチリアのメッシーナを領有していたノルマン伯ルッジエーロ二世は、アフリカに足場を築こうと試みた。彼は、イフリーキヤの混乱状況を知ると、マフディーヤに宗主権を強制し、一一三四年にジェルバ島を占領することを決心した。彼は、交易の支配権を握ろうとし、シエルシエルからトリポリまでの小さい港を攻撃し、チュニジアにおけるズィール朝の支配に終止符を打った。

カイラワーンは死にかけていた。遊牧民の強請に圧倒された都市民たちは、散り散りになって町を棄てていった。マンスーリーヤとラッカーダ[1]は、廃墟となった。キリスト教徒の侵攻は、しばらくの間ヒラール族の宗教的熱情を呼び覚ました。しかし、それよりも重要なことは、その侵攻によって、カリフ、アブドゥルムウミンが強力な軍隊を率いて、マラケシュからイフリーキヤへと出陣する契機となったことである。彼は、イフリーキヤに着くと、この軍隊を使って、ズィール朝の崩壊に乗じて乱立した小王朝を服従させ、さらにマフディーヤに避難していたキリスト教徒たちに、一か月の包囲の後、町を開城させた。それは、アフリカにおけるノルマン人の支配の終焉であった。しかし、以後も彼らには注意を払わねばならなかった。

地中海は、商船と私掠船がぶつかり合う閉ざされた海になっていた。〔アルジェリアの〕西方、モロッコとの国境近くの廃墟の諸都市の中から、ザナータ部族が再編成された。ヤグムラーサン・ブン・ザイヤーンが、ローマ期の都市ポマリアの近郊、トレムセンに新王朝アブドゥルワード朝を建設した。この王朝は、およそ五十年間、危機に直面することもなく統治され、首都のトレムセンも敵の攻囲に耐えることができた。

こうして、北アフリカの領土は、フェスのマリーン朝、チュニスのハフス朝、トレムセンのアブドゥルワード朝の三王朝に分割され、そのなかに無数の小国、部族勢力、部族同盟が跋扈する状況になった。フィギーグのオアシス都市は、独立した政治権力を形成し、ワルスニス高地の部族同盟は、再び自治を主張するようになった。カビリーでは、アイト・ヒシャーム近郊のアイト・ヤフヤー族と、イザラ

1 マンスーリーヤはカイラワーンの南二キロメートルにあり、九四六年から九七二年の間、マフディーヤに代わってファーティマ朝の首都となった。ラッカーダはカイラワーンの南西一〇キロメートルにあり、アグラブ朝下で八七六年に王都として建設され栄えたが、十世紀後半、ファーティマ朝のカイロ遷都後は衰退した。

ゼン族の地にあったクークーに、小王国が形成された。しかし、大部分の部族は伝統的な同盟に戻った。コンスタンティーヌのハフス朝の地方統治者《シャイフ》は、ボーヌ〔アンナバ〕とコロの間の地域を支配した。ザーブやホドナはウラード・ダーウードの勢力圏となった。ジェルバ島からモロッコまで、諸港市のイスラーム教徒たちは都市共和国を組織して海賊活動に従事した。これらの拠点を基地に海賊たちは、略奪者として、またキリスト教国に対峙するイスラームの前線基地における聖戦の戦闘員として活躍した。

一四九四年、[1]スペイン王国の書記は、次のように書いた。「全ての地域は、神がカトリック両王にその土地を与えたい、と望んでいるような状況のなかにある」。

フェルナンド二世の治世から、スペインは、占領した港を要塞に変えるだけの、限定的植民地化で満足した。[2]

Ⅷ　トルコ人

トルコ人の思いがけない介入は、北アフリカにおけるスペイン〔支配〕の失敗をもたらした。

当時、アルジェは海賊たちの小さな港町にすぎなかったが、一四九二年のグラナダ陥落の後、スペインから追われたモーロ人の流入によって人口が増加しつつあった。スペインの軍人ペドロ・ナバーロは、アルジェ湾の岩礁に大砲の要塞を設置し、それをペニョンの大砲〔岩山の大砲〕と呼んだ。しかし、ムスリムたちは、自らの心臓にささった、この刺に苦しんだようである。一五一三年以降、ジジェルに拠点を置いていたトルコ人海賊アッルージュの威光は高まり、ムスリムたちは彼に救援を求めた。

カトリック王フェルナンド二世が没すると、アッルージュはシェルシェルを占領し、さらに、アルジェの町にも意気揚々と入城した。しかし、アルジェ市民は、トルコ人が、スペイン人よりもより抑圧的であることを見て失望した。まもなく、海賊を倒すために、アラブ人とスペイン人、都市のモーロ人の間で陰謀が企てられた。アッルージュは、すぐに兵士たちに自らがスルターン〔君主〕であることを宣言させて、その陰謀から逃れた。処刑や投獄、安全の約束などがなされた後、秩序が回復された。かくてアルジェには、支配者が君臨することになった。

それにもかかわらず、スペイン人はマグリブを放棄せず、さまざまな武運に巡り合いながらもトルコ人に対し果敢に立ち向かった。しかし、こうした行動により、地中海南岸に対するヨーロッパの圧力が維持された。

アッルージュは、一五一八年の戦いに敗れ、亡くなった。彼が指名しておいた後継者、バルバロッサと異名されたハイルッディーンが支配者の地位についた。

1　原文は、一五九四年とあるが、一四九四年の誤植と判断し、訂正した。

2　アラゴン王フェルナンド二世はカスティリャの女王イザベルと結婚、両王は一四七九年からは合併してできたスペイン王国の共同の統治者として、一四九二年にグラナダを征服してレコンキスタを完成させ、さらにコロンブスのアメリカへの航海を支援した。

オスマン朝スルターン、セリム一世は、彼にパシャ[1]の称号を与え、ベイレルベイ〔大総督〕に任命し、また彼を支える兵として、砲兵二〇〇〇人と、イェニチェリ〔近衛歩兵〕身分をもつ志願兵四〇〇〇人を派遣した。カビリー地域だけは、征服に屈せず、彼をアルジェからジジェルへと退却させた。バルバロッサは、一五二一年にコロを、一五二二年にボーヌ〔アンナバ〕を占領した。

私が収集したベルベル人の記憶の伝承によれば、トルコのメハッラ――縦列部隊――は、「徴税」と称して、〔町や村を〕襲撃、略奪し、また人びとを誘拐、殺害した。

シェルシェルの南にある泉の近くには、トルコの大砲の弾が撃ち込まれたままの木が残っている。土地の人の話では、それは、女性たちが水汲みに来た時に、イェニチェリ兵が面白がって撃ったものであるという。

ハイルッディーンは、アルジェに軍事支配組織を築き、それはフランスの征服まで大きな変化を被らなかった。ベイレルベイたちの政策は、「海賊船長組合」と協力してアルジェを地中海の海賊の巣窟にすることと、征服した内陸部の秩序維持のために住民たちを襲撃し、恐怖感を抱かせることであった。ベイレルベイたちは、内陸部にはいくつかの砦しか所有していなかったが、そこには非常に機動力に富む、少数の砲兵部隊が配置された。おそらく、善意のしるしで、彼らは、カビリーのアザズガ地方に二つのモスクを建設した。土地で集めた口承によると、その一つは、ティフリット・ン・アイト・アルハーッジュにあり、もう一つは、ティフリット・ン・アイト、またはティフリット・ン・マレクにあった。トルコ人は、要塞に守られ、在地の族長による一時的な支援を受けたが、それにもかかわらず、ベルベル人の蜂起は絶えなかった。

〔スーフィー教団の〕ダルカーウィー教団は、オラン地方からカビリー地方のバボールまで、またシェリフからモロッコ国境まで広がる大反乱の原因であった。

トルコ支配下のアルジェリアでは、絶えずペストが発生し、周期的に干ばつによる飢饉が起こり、トルコの無秩序な統治と相俟って、国土は完全に荒廃した。一八一七年の夏の間に、アルジェでは一日につき五〇〇人もの人が死亡し、十九世紀初頭には、人口は三万人以下となった。

英仏の戦いをきっかけに、ナポレオンはルイ十四世の政治に戻ることを考えた。彼は工兵長官ブタンにアルジェリアの現地調査を命じ、その調査結果は報告書として提出された。それが、一八三〇年に派遣されるフランス遠征隊の基礎資料となった。

IX　フランスの征服

どのような口実を使ってでも、フランスは、地中海におけるトルコの海賊行為を終わらせ、また同様の構想をもち、それを実行しようとすればできる力のあるイギリスに、先んじる必要があった。フラン

1　北アフリカ海軍提督を兼ねた総督。

スのアルジェ占領の報道に対し、本国における反応は、全くの無関心であった。証券取引所は反応せず、選挙にも影響を与えなかった。フランスは、〔ベルベル人たちから〕トルコの軛からの解放者としてみなされたのではなく、いずれはベルベル人の反乱によって、〔トルコと〕同じ運命に遭遇することになる、マグリブ征服者側の新たな一員として加わったのである。

何度も、また各地で幾人もの偉大なるイスラーム修道士たちが、互いに連帯することなく個々に聖戦を説いた。

ムヒーッディーン――以前にトルコ人への抵抗を説いたこともあった――がフランスに対する抵抗に立ち上がったのは、（マスカラ近郊の）ハシャム族のなかからであった。彼は、カーディリー教団の支持を得ていたと言われている。ムヒーッディーンは、高齢で体力が衰えていたので、エグリス平原の三部族――ハシャム族、ベニー・アメル族、ガラーバ族――を集め、息子の一人、〔アミール・〕アブドゥルカーディルを後継の指導者とするとの合意を得ると、彼を歓呼の声でもって迎えた。アブドゥルカーディルについては、他の多くの英雄と同様に、フランスの歴史家たちによって歴史や伝説が創作された。アブドゥルカーディルは、アルジェリアのムスリム全体を代表する交渉相手として扱われている時は、危険を顧みずフランスが提案する交渉に臨んだ。

ゲリラ戦に打開策はないと考えたデミシェル将軍は、歩み寄り、若い「アミール」〔司令官〕と一八三四年二月二十六日の協定――すなわちデミシェル協定――に調印をした。

「協定」は守られず、一八三五年六月二十八日、フランス軍は最初の大敗を喫した。協定は単なる駆け引きでしかなかった。もはや、フランスにはこの国を征服――困難が伴い、輝かしいものではなくとも――する以外に残された道はなかった。

ローマ帝国と同様に、フランスも、一八一七年以降、人口減少に伴う農地の荒廃問題に直面した。フランスは、慣習法による土地所有制度もイスラームによる土地所有制度も無視した。

土地政策において、フランスが犯した失敗は、ローマのそれに類似していた。住民政策においては、フランスは、その多様性を無視し、国境にせよ、地方行政区域にせよ、本国の県やトルコ時代の行政制度をもとに実態とかけ離れた境界線を引いた。そして、その地方行政区域には、かつてのカーイド、アーガー、バシュ・アーガー[1]などの役職者が任命された。

アルジェリアにおけるベルベル語地域に関しては、オーレス地方は一八四五年、スーマームのカビリーは一八五三年、大カビリーは一八五七年に占領された。フランスが、アルジェリアのサハラにおいて、ベルベル語話者のトゥアレグに出会うのは、ずっと後になってからであった。

フランスによるアルジェリアの征服過程では、ベルベル人による一斉蜂起も反乱も起きなかった。民間伝承によれば、カビリーの村の代表者会議は、蜂起への参加を求めにやって来たアブドゥルカーディルを、伝統に従い、二晩三日の歓待でもてなした後、彼に曖昧な約束をしただけで、丁重に立ち去らせ

1　カーイドは部族長、いくつかの部族が集まって郷を構成した。アーガーは郷長、バシュ・アーガーは副郷長を意味する。

たという。

一八七一年の反乱では、ドラア・エル・ミザンの地でシャイフ・エルハッダードによって聖戦が宣言されたにもかかわらず、全国的な反乱にまで広がらなかった。とは言っても、この反乱は、中心地は大カビリー地域であったが、ベルベル人地域だけでなく、アラブ地域にも広がった。

さらに、独立の意志を示した抗議運動というよりもむしろ、外部勢力によって指揮された、フランスに対する動乱に注目すべきである。たとえばオーレスでは、一九一六年に、セティフ地方やスーマームのカビリー地域では一九四五年にそのような動乱が起こった。

マグリブの独立へと帰着した蜂起の起源に関して意見を述べるのは尚早だろう。というのも、愛国心の目覚めがないのに独立のための蜂起について語るのは早すぎるからである。

しかしながら、我われは次のように言うことができる。ベルベル人はマグリブ諸国の独立に重要な役割――決してベルベル人としてではなく、モロッコ人、あるいはアルジェリア人のナショナリストとして――を果たしたのである（誰も、リビアのベルベル人については言及していないが）。

ベルベル人たちは、さまざまな方法でナショナリストの運動に参加した。その参加の仕方は、モロッコについては正確に述べることは不可能であるが、アルジェリアについては、完全な、あるいはほぼ完全な参加であったと言える。

また、ベルベル人が、彼らの国の独立のために闘ったのか、それともアラブ国家の建設――ベルベル人が一定の独自性や言語の承認を志向していることは今でもアラブ国家建設の妨げとなってはいるが——のために闘ったのか、判断は今の段階では難しい。
さらに、マグリブ文化の二つの言語のうちの一つとして、ベルベル語が承認されるためには、その前にアラブ化という神話の道を、数年間、歩まねばならないだろう。[1] むしろ、フランス語は、マグリブとヨーロッパを結ぶ言語として存在している。それゆえに、フランス語が承認されてしかるべきであろう。

1 ここは、独立後のアルジェリアで進められているアラブ化政策（教育と文化、政治におけるアラビア語の推進政策）が問題とされている。著者は、アルジェリア社会の土台はベルベル人とベルベル語で築かれており、アラブ化政策はその実態を無視した神話である、と考えているのであろう。そこには、政策それ自体への著者の批判的立場（実現は困難との見方）が見てとれる。

第五章　ベルベル文明

ベルベル人の多様な思想や文化は、地中海的な思想の基礎の上に築かれている。

北アフリカを研究したオリエンタリストの大部分は、マグリブのベルベル語話者たちの生活形態は、農民的な基層から派生したものだとみなしてきた。しかし、〔ベルベル的思想の太古からの持続性や統一性が認められず〕彼らの唯一の文化的貢献は、都市的で後発のイスラーム文化の一分枝の発展を手助けしたことだとされてきた。さらにベルベル文明という用語そのものが、しばしば無知によって頭から否定されてきた。だが私は、一九五二年にその用語を使用した〔＊セルヴィエ①〕。

ベルベル文明の研究に取りかかると、この研究はベルベル語の言語地図を作るようなことではすまないということが明らかになった。問題は、地中海地域に共通する土地に深く根付いているマグリブ的思想――その土台には新石器時代以降、食糧用穀物（大麦、小麦）文化を発展させた土地が存在していた――なのである。

さまざまな文明がベルベル文明を豊かにしてきた。なぜなら、すでに我われが述べたように、それらの文明は地中海の共通の土地から生まれたからである。すなわち、それは、カルタゴ以前のクレタ・ミケーネ文明、その後のギリシア文明、続いてローマ、ヴァンダル、イスラームという支配帝国によってもたらされた多様な文化であり、そして最後が西洋文明との不可避な出会いである。このように、地中海地域共通の文明によって、マグリブは衝突することなく穏やかにヨーロッパ世界に組み込まれていった。マグリブは、思想的にはニジェール川の南側よりも地中海の北岸に近いと考えられていた。つまり、マグリブをアフリカ世界に位置づけるのは不可能であった。

I　ベルベル的思想の不変要素

太古の昔から、死者との別れは、悲しみの表現ではなく、生者の集団が、農民たちによって来世——アト・ラハルト——の人びとと呼ばれていた者と、想像上の再会をするために定められた儀礼であった。

マグリブの農民の思想のなかに常に生きている死者の世界や、石や樹木と結ばれた死者の信仰を参照することなしには、彼らの生活の一側面すら研究できない。というのも、農民たちの信仰にさまざまな形で根付いたユダヤ教とキリスト教は、結局は石や樹木の信仰に取り込まれていったからである。自らの土地と、不可視の宗主であり、守護者でもある祖先とをひたすら崇拝している人びとは、新しい宗教が、自分たちの墓に何らかの役割を果たす程度にしか、それを受け入れなかった。

聖アウグスティヌスは、「我がアフリカの地には、殉教者たる聖人たちの遺体の種が全く蒔かれていない」〔*アウグスティヌス②〕と叫んではいたが、白い墓、すなわち峠、山頂、市場、村などを守る不変の守護者たち——彼らは後に、同じ理由でマグリブ・イスラームの聖者になる——の墓の存在を認めてはいた。

キリスト教は、墓や、石や樹木、泉のような聖なる地を認めた。厳格なユダヤ教とイスラームは、死者に神聖なる徳と何度も起こる奇跡という権威を与えることによって、人間と神との間の仲介者として死者を受け入れた。

しかし、民衆的な伝統の根強さは、他地域では力強かった啓示宗教が、北アフリカにおけるキリスト教やスペインにおけるイスラームのように、習慣や道徳のなかに確かな痕跡を残さずに消滅せざるを得なかったことを、明瞭に説明している。他方で、墓は、多くの侵略や占領、帝国支配を受けたにもかかわらず、数百年、数千年も生き続けてきた。なぜなら、墓は思想を繋ぎとめておく場だからである。墓はまた、そこで生まれた全ての文明、全ての思想、全ての制度の母のような役割を果たしているからである。

農民たちは、彼らの守護聖者である死者たちに、畑や家畜小屋、家庭の豊饒さを求めた。なぜならそれは、宇宙の調和のなかで死者たちが果たす役割だからである。死者たちは、犠牲の肉の分け前や共食によって、生者やその仲間たちを豊かにする義務を負っていたがゆえに、こうした豊饒さを与えるのである。このように、地中海的な思想では、生と死は互いに必要な存在として共存している。

この信仰には聖職者はおらず、また聖職者を持つことはありえない。各家長、各女主人だけが、彼らの責任の下にある人間集団をその土地に繋ぎとめるための特別な儀礼を——男女分かれて——執り行う権限をもっている。この宗教儀礼は、紀元前から全ての啓示宗教を受け入れることができた。

こうして我われは、象徴や行為、そして社会的・経済的諸制度——この諸制度は始まってみると必要なものだとわかる——が徐々に非論理的に機能するようになるのを知る。この思想は、全ての思想の表現と同様に二元論である。また全ての人間の制度も彼らの生活のサイクルと同様に二元論的である。もちろん、人間が一年は二つに分けられると考えている、と断言はできないし、時間をそのように配分せずに、別なふうに認識していたかもしれないが。

北アフリカの概念では、人間の身体は、宇宙に似せて一対のものとして形成されている。思慮深い意識を有する「人」を指す言葉は、ベルベル語では、イマン iman の男性複数形〔イマン・ンセン iman-nsen〕[1]である。イマンには、二つの精神が宿っている。一つは、植物精神「ナフス」であり、もう一つは鋭敏な精神、つまり霊感である「ルーフ」である。

植物精神は情熱や情緒的振る舞いに相当するが、その精神は血によって運ばれ、肝臓のなかに留まっている。

1 イマン iman は、「……自身」、「……そのもの」の意。単独では使われない。たとえば、私自身は、iman-iw、あなた自身は、iman-nwen。ここでイマンの男性複数形というのは、彼ら自身という表現であり、それは iman-nsen となる。

思慮または霊感を有する精神は意思に相当し、その精神は骨をめぐり、心のなかに留まっている。農民の精神に深く根付いたこうした概念は、多くの諺に表現されている。

肝臓が震えるとき、目は涙を流す
心が到達した場所に、足は向かう

植物精神であるナフスは、母から生まれる原理であり、鋭敏な精神であるルーフは、不可視な存在から出現する。

性的結合において、男は所有という行為を完成させる。それは畑を所有する農夫が、最初の畔を作る行為に類似している。大地は日々の糧を供給するが、そのためには蒔かれた種は、不可視な存在によって腐敗に代わる発芽という神秘的な豊饒さを自らのなかに宿す必要がある。ここから、諸制度における重要な帰結が導かれる。すなわち、女性は土地を所有することができない、と。〔女性は、種を蒔かれる受動の存在であるがゆえに〕結果的に、女性は長い間、土地を所有することも、耕すことも、相続することもできなかった。これは、イスラーム法のさまざまな解釈に反している。というのも、イスラーム法の規定によれば、女性は、男性の相続の半分あるいは三分の一、もしくは四分の一を相続することができるからである。

後で女性の土地所有に関する別の結果について述べよう。ベルベル社会の土台には、女性に対するいかなる蔑視も存在しない。あるのは、社会のなかのある概念の帰結、そして男の立場からのある概念の帰結だけである。

不変要素とイスラームへの改宗

イブン・ハルドゥーンは、『ベルベル人の歴史』のなかで、全てのベルベル人がイスラームに改宗したのは、ヒジュラ暦一〇一年（西暦七一九―七二〇年）だと主張する。

しかしながら、これらのベルベル部族民たちは、イスラームに改宗する前は、キリスト教やユダヤ教ではなく別の宗教を信仰していたはずである。

アラブの歴史家イブン・イザーリー・マッラークシー（十三世紀）は、征服者ウクバ・ブン・ナーフィウの言葉を引用しつつ、「ベルベル人はいかなる宗教も信仰していなかった」と述べたが、我われはその偏った主張を却下しなければならない。これは、イスラームの宣教師の立場からの主張である。同様に、イブン・ハルドゥーンも、アラブの侵入時、「ユダヤ教にもキリスト教にも改宗していなかったベルベル人は、太陽や月、あるいは偶像を崇拝していた」と述べている［＊ハルドゥーン、第一巻・177頁］。

ベルベル人のラムトゥーナ族がイスラームに改宗したのは、早くてもヒジュラ暦三世紀（西暦九世紀）以降である。

アラブの歴史家の記述によれば、八四一年から八四八年にアラブによって皆殺しにされたカイラワーン周辺に住む不信仰者のベルベル人たちは、雄羊を崇拝していた。実を言うと、これもまた征服者であるアラブ側の主張である。というのも、我われが知っている人類の歴史で、ある民族が動物を「崇拝」していたということはないからである。おそらく、タブーとされている動物が特定の歳時に犠牲とされたことを、表面的な観察者が「動物崇拝」だと非難――啓示宗教もそのようなぞんざいな非難を免れない――したのであろう。

各村、各氏族は、おそらく、聖なる石や岩の中に、自分たちを保護してくれる不可視の守護者を持っていた。リビアのナフーサ山地にある聖地の一覧には、十六世紀にイバード派の信徒らが巡礼に赴いた地名が列挙されている。たとえば、ベッガーラ渓谷の岩であるタスリテンの石や記念碑となっているタズラートの小さな岩などである。前者の例はヨーロッパ全土に類似のものがあるように、おそらく「花嫁・花婿の石」を意味していた。

同様に、河川や泉にかかわる民衆信仰は、太古にまで遡る。すなわち、スィグ川から遠くないところで、考古学者は、川の精霊《ジェニオ・フルミニス》［*CIL*, t. VIII, n°. 9749］に捧げられたラテン語碑文と、泉の精霊《ジェニオ・フォンティス》に捧げられたラテン語碑文を発見した。言葉の意味としての「精霊」が重要なのではなく、重要なのはそこに不可視の存在が表現されていることである。それゆえ、その精霊信仰から、イスラームの聖者信仰へ移ることも、また民衆的な伝統のなかにその聖者を維持することも、きわめて自然であった。たとえば、ベルベル人の学者ブラヒム・ウ・スリマーン・アシュマヒーは、ナフーサ山地に関する記述のなかで、次のように述べている。「アル・カラアという小さな村からさほど離れていない溜め池、ナンナ・タラは、祖母なる泉であり、そこでは、女性たちが病気の子どもらを水浴びさせ、その後、安息香やお香の煙の中で子どもたちを過ごさせる」〔＊モティリンスキー・73頁、およびno. 2〕。しかし、大きな湯治場にはならないが、「泉の精霊」に捧げられた病気治療の機能をもつ泉は、数えきれないほど存在していたであろう。

イスラームはしばらくの間、いくつかの要素を付け加えはしたが、それ以前のものを何も壊しはしなかった。マグリブでは、魔術信仰への非難は起こらず、古い宗教儀礼が、近代的な生活に適応しつつ、他の啓示宗教のなかによりも、イスラームのなかによりよく維持された。

コーランは聖者を、ワリー（神の友）、サーリフ（敬虔な者）、スィッディーク（誠実な者）、もしくはムカッラブ（保護される者）という単語で表現している——とは言っても、彼らに特別な崇敬の眼差しが向けられているわけではない〔＊レイソー・47頁〕。

イスラームの初期、西暦七世紀以降、イスラームの神秘主義、つまりスーフィズムが発展した。イブン・ハルドゥーンによると、「この修行道は、たえざる神の崇拝、神への完全な帰依、現世の虚飾の忌避、快楽・富・地位など大多数の者が切望するものに対する禁欲、この世から隠遁して、神の崇拝のための孤独生活を送ること、これらに基礎を置いている」〔＊ローゼンタール」〔森本公誠訳、『歴史序説』（岩波書店、一九八七年）第三巻・985—986頁〕。

このような教えはベルベル人の農民たちを惹きつけたに違いない。

最初の段階では、敬虔な生活に心を魅了された人びとは、やがて神との合一という直接の体験に専心するようになった。聖者伝で語られる偉大な奇跡譚の一つは、独居、砂漠地への隠遁、そして謙虚さの渇望である。

十二世紀には、修道士《シャイフ》の周りに集まった一団が、少数の選ばれた者だけに許された敬虔なる修道生活を送るようになった。こうして、修行方法、振る舞い、態度、呼吸のリズム、芳香、色合い、連禱など独特の信仰様式からなるスーフィズムという新しいイスラームが出現し、それが各地に拡散した［＊トリミンガム］。スーフィーの導師たちが指導者となって、スーフィーの「道《タリーカ》」を発展させるために旅をした。修道士たちは、師を訪ね歩き、また師を迎えた。こうしてイスラームは、主要な街道に通じる都市だけでなく、大都市から遠く離れた辺境の地域にも広がった。十三世紀以降、幾人かの指導者は一定の場所に居住し始めたので、その地が人びとを惹きつけ、イスラームを広める拠点となった。ベルベル民衆のイスラーム化――特にムラービト朝（一〇五六―一一四七年）とムワッヒド朝（一一三〇―一二六九年）の時代――が都市を超えて広がったのは、何よりも十世紀から始まるマグリブへのスーフィズムの浸透によってである。マリーン朝（一一九五―一四七〇年）の時代には、マドラサ[1]の建設とともに、宗教教育が発展した。十五世紀の初めから、ポルトガル人やスペイン人の侵略に対して宗教的な反動が現れた。研究者たちは、この時代の特徴を、制度化された「マラブー信仰」の台頭として説明する。彼らによれば、イスラームにおけるマラブー信仰は、以下のように定義される。すなわち、「マラブーは、生前はその模範的な生き方のゆえに高名な聖者とされ、死後はその人の墓が崇敬の対象となった人物であり、マラブー信仰とは彼らに対する特別な信仰形態のことである」。この定義は、キリスト教の大部分の教会における聖人崇敬にも当てはまるだろう。

マグリブ地域の景観の特徴の一つは、白いクッバ〔ドーム型屋根〕と、古木の近くにポツンと立つ空積みの石造りの家である。山頂や峠に建てられた、この聖者の墓は、遥か遠くからも見えるようになっている。それは遥か遠くまで聖者の保護が及ぶようにするためである。

聖者崇敬の中心となる儀礼は、参詣である。崇敬される墓の重要性に応じて、集まってくる都市の住民や部族のメンバーの数も異なり、また特に名高い聖者の墓には、マグリブの至るところから特別な巡礼団が組織されて信徒たちが集まってくる。参詣で最も重要な儀礼は、墓の近くで行われる動物の供儀であり、その後に、執り成す者の名において、生者たちおよび彼らの集団を神と結びつける共食が行われる。この神と人との結合は、農業や人生が危機に陥った時に想起されるものである。犠牲が行われ、共食が終わった後、信者らは、聖者の保護の明白なる印を持ち帰る。それは、聖なる木の葉や、「共食」で食べた一握りのクスクス、聖墓の近くの一摑みの土である。

葬送での競技は、神聖なる雰囲気を拡散させるようになる。それは、たとえば、球技や射的、馬術である。これら全ての競技からは、乾と湿の二つの原理間の争いというアゴン[2]の概念が生み出される。すなわち、これらの競技の後に、神託――守護者の信徒たちへの回答――が下される。

1　イスラームの高等教育を行う学校。

2　アゴンとは、ギリシア語で競技の意味。ギリシアでは葬送儀礼の一環として行われた競技で、自己の勇敢さを神々に捧げる行事であった。人間的能力を開発するのは神々であり、それゆえ人間は能力を葬送の際に神々の前で表現した。競技の結果、どちらが勝ったかによって、神託、つまり神の意志が示された。

このイスラームの聖者崇敬の文脈に、一つの特有の性格が付け加わる。それは、集団全体の聖者、もしくは集団を超えた聖者の真の子孫――系譜が確認できない場合は想像上の子孫――が道徳的、霊的な権威を有するということである。

こうした二つの過程を経て、スーフィー教団の誕生と、村の守護者であり、創設者でもある聖者一族の特権カーストの形成が確認される。

一人だけにせよ、家族単位にせよ、個人的な参詣の際に、墓や死者の記念碑の周囲で行われる儀礼は、一般的に、次のように執り行われる。人びとはその場での祈願をし、また不可視の聖者による神への執り成しのおかげで祈願が神によって叶えられた場合には、供物をそこへ届ける。〔都市や村の人びとの〕集団全員、もしくは部族全体が行う参詣もあるし、時にはモロッコのムーセム〔聖者の誕生日などを記念して行われる年祭〕のように、数千の人びとが集まる場合もあった。

イスラーム以前のアラビア半島の聖者祭は、一定の聖なる期間に催されていた。すなわちその期間は、休戦がなされ、諸部族が重要な社会的問題を協議し、同盟協定を決定したり破棄したりした。また、重要な宗教祭――具体的には参詣や犠牲祭――が行われた［*シェロード・77頁］。かつてアラビア半島で行われていたことは、昔はキリスト教世界でも、またマグリブでは最近まで行われていたことである。

参詣が行われている期間（一年のうちの約二か月）は、敵対関係にある部族も戦闘をやめる［*サルモン・320―325頁］。聖者廟の周囲は、聖者の庇護下に置かれた平和領域を形成し、そこでは、あらゆる社会的、経済的な取引が可能であった。聖者の子孫らは、かつての彼らの祖先と同様に、つい最近まで部族間、あるいは家族間、クラン間の争いの調停者の役を演じていた。

スーフィー教団

教団とは、タリーカ（神秘主義的な道の意）のことである。教団の入門者は入会儀礼によってその教団に入会し、また修道士は、ますます厳格になる神秘主義的道に従って礼拝や連禱を実践しながら、教団員としての修業を続けた。教団の修行の道は、魂を完全な状態へと導く過程、すなわち修学の段階から、最後の段階である神との神秘的合一体験――忘我の境地――へと導く過程である。修行は、厳しい禁欲主義や断食や孤独な瞑想を伴っていた。一八八四年、ルイ・リンは、イスラーム世界に存在する八十八の教団名を列挙した。最も古いものは、六二二年に創設されたスィッディーキー教団であるが、北アフリカでは広まらなかったようである。最も新しいのは、一八七六年にオーレス山地で創設されたダルドゥーリー教団であった。〔アルジェリアのベルベル人地域におけるスーフィー教団に関しては〕ラフマーニー教団に言及しなければならない。というのも、この教団は大カビリーやスーマームのカビリー地方の主要な地域に広まったからである。その創設者はスィディ・アブドゥッラフマーン・ブー・カブラインで、その名――ブー・カブラインとは二つの墓を持つ者の意――が示すように、彼の墓は、アルジェと、ビジャーヤからさほど遠くない地の二か所にある。

十二世紀、イスラーム勢力が後退しつつあったアンダルスでは、同業者組織が大いに発展をしていた。他方、同時期のマグリブでは、スーフィー教団がしっかりと根を下ろしていた。時期を特定することは難しいが、教団と同業者組織とが結合した。両者の結合は、少なくともモロッコでは真の同業者組織の土台を形成し、またマグリブ地域全体においては将来の職業組合の礎となった。

全ての教団が、大天使ガブリエルや預言者の娘婿で暗殺された指導者のアリー（シドナ・アリー・アブー・ターリブ）を、その系譜や秘伝的な血統によって、教団の祖先としている。いくつかの教団では、イルヤース（預言者エリヤ）や、さらに古いキリスト教の修道院の起源とされているハディル[1]が、系譜上で介在する。「教団員」が、野菜を量りながら、屋台で働きながら、また施しを要求しながら、ズィクル（祈禱文）を唱えるという光景があまりに一般的なイメージとして定着したため、スーフィー教団と同業者組織との結合という重要な問題が忘れ去られてしまった。またスーフィー教団の政治的な役割は相当なものであった。リビアの宗教的、霊的な統一は、サヌーシー教団によって実現された。サヌーシー教団の最初の拠点は、一八四三年にキレナイカの中心に建てられた。一般的には、さまざまなスーフィー教団が、民族意識の覚醒や独立運動、また植民地支配を拒絶するあらゆる大衆蜂起に、積極的に関与した。

ベルベル人の神秘主義

ベルベル人に特有の精神世界の概念について論じることができるのかどうかは、はっきりとしない。それにもかかわらず、以下に簡潔に叙述される伝統や信仰からは、さらにマグリブ・イスラーム史の一般的な側面からは、マグリブに特有の神秘主義的な思想がはっきりと見てとれる。

ベルベル人の精神性の第一の要素として、我われは一つの確固たる特徴を見いだす。それは、精神世界を物質的世界の上に置くことである。このことは、ベルベル人の大衆が、キリスト教拡大の時期にドナトゥス派を支持し、またファーティマ朝支配期にハワーリジュ派を受け入れ、模範的な生活を送るスーフィー的伝道師たちを歓迎し、そして今日までマフディー信仰を保持したことによって説明されよう。

イスラームの初期、ハワーリジュ派は真っ先にカリフの権威を拒否し、全てのムスリムが神の前では平等であるというイスラーム思想を打ち立てた。〔この思想によれば〕もし共同体が、その人物が有資格者であり、カリフに相応しい人物とみなした場合、共同体はその人をカリフに任命しなければならない。

こうした精神性は、マグリブにおいては「メシア的人物」の希求や出現にとって好都合だった。イスラームを、マグリブの最深部まで浸透させたのは、スーフィー的伝道師である。イブン・ルスタムのようなハワーリジュ派イマームの禁欲主義や、お金を不浄だと考えて棒でつかんだイマーム・ヤアクーブのような態度は、こうした精神性のなかで考えれば容易に理解できよう。

その後、九一〇年一月十五日に、チュニジアでウバイドゥッラー[2]が、自らがマフディーであり、カ

---

1 イスラーム世界の民間伝承で不思議な力をもつとされる人物。航海安全のシンボルとされた。ヒドルとも呼ばれる。

2 ファーティマ朝初代カリフ。

リファであることを宣言した。しかしながら、抑圧された人びとが、ファーティマ朝の豪華さや華美な宮廷生活に対して反乱を起こした。彼らが従おうとしたのは、ジェリド[1]出身のザナータ族の人物で、通称ロバ男、アブー・ヤズィードであった。というのも、この足の悪い男は、マグリブ地域のハワーリジュ派のなかでも最も厳格で非妥協的なナッカール派に属し、賢人会議によって否定されたファーティマ朝カリフの打倒を、トズールにおいて訴えていたからであった。

ムラービト運動の創設者で宗教共同体の指導者イブン・ヤースィーンは、自らに従っていたサンハージャ系ベルベル人らに、厳しい苦行を強いた。自らを説教師であり、道徳の改革者であろうとしたイブン・トゥーマルトも同様の厳格主義を説いた。

一八四四年、フランスの征服戦争が進行し、アミール・アブドゥルカーディルの力が衰えていた時、メシア的人物ブー・マーイザ――ヤギに乗った男――が出現した。彼は、ダフラとシェリフの谷、ワルスニス高地で人びとを蜂起させた。

一八五二年、マラブーのブー・バグラ――ラバに乗った男――は、カビリーの東部地域、その後はジュルジュラ山脈から地中海までの四つの部族を反乱へと導いた。

一八七一年四月八日には、ラフマーニー教団のシャイフ・ハッダード（鍛冶屋の意味）が、ジハードを宣言した。

ベルベル人たちは、物質よりも宗教を優位に置くという精神性を有していたがゆえに、イスラームに出会った時にも、彼らがキリスト教徒であった時に立ち上がった社会運動と同じ運動へと惹かれていったのである。どちらの運動にも、彼らの厳格さの理想に対する、共通の果てしない願望があった。全ての物質文明は不信感をもって受け取られ、全ての安逸は、見習うべき模範としてよりも、むしろ永遠の罰としてみなされた。

精神性の第二の要素は、民衆イスラームにおける夢の重要性である。

夢は、不可視な者のメッセージとしてみなされ、それは、特別な巡礼への誘いであったり、聖者にとっては、祈りや苦行の報いである幻視であったりする。

こうした信仰の要にあるものは、人間は劣ったものであるという意識である。劣っているがゆえに、人間は自分と神との間に仲介者を必要とするのである。おそらく、「聖者信仰」と呼ばれるものはそこから出現するのであろう。だが、神の恩恵による聖化は、全ての人間的行為にとって必要とされないだろうか？——神の恩恵なくしたら全ての物質的な生活は取るに足らないものなのだから。

最後に〔第三の精神性の要素は〕、表面的な観察者が「自然崇拝」と呼んできた「見えざるもの」の遍在という意識が、信仰の土台にあるということである。かつてベルベルの農民は、どこにもそれぞれ守り神がいると言っていた。ベルベル人以前には、ギリシア人が、どの場所にも神的なもの、つまり神の存在を認めていた。

1　チュニジア南部の地域。

ここから、ベルベル文化のなかに、地中海文明としての古い二元的思想が生まれた。すなわち、永遠に対立する二つの原理が、補完的に結合することによって統一性が生まれる、という思想である。たとえばカビリーの諺は言う。「男、それは光であり、女、それは闇である。光が夜を明るくし、夜に命を与えているのだから、夜のない光とは何なのだろうか。花婿はランプをもってやって来る花嫁を待ち、花嫁はこのランプで新家庭にあかりをつけ、最初の火を灯すことになる――この新家庭はどんな家庭になるのだろうか[1]」。この相反する二つの原理は、二つの斜面が合わさって一つの屋根を作るように、また大カビリーの双斧の両刃が結合されて一つの斧をなすように、分かちがたい二人の友と呼べる存在なのである。

ここでは、ベルベル人の神秘的思想の側面よりも、世界観や世界における人間の位置関係から生じる社会的・政治的思想の基礎を考察する方がより重要であろう。

Ⅱ　社会的組織と物質的文化

マグリブの文化では、言語的な領域がどうであろうと、社会的組織と物質的文化は、人間世界や世界における人間の位置の概念から直接的に生じたものである。

(a) 個人

個人を第一に置く考え方は、伝統的な諸文明の思想のうちで、西欧的な概念の範疇に属している。事実、個人は、多様な文化的要素からなる社会の産物である。したがって個人が多様な社会を説明するというよりも、むしろ個人は多様な社会によって説明されるのである。しかし、個人は受け継いだ遺産を継承したり、しなかったりする。個人は、文化継承の鎖の環の一つになることもあるし、もしくはその輪を断ち切ることもある。

北アフリカの民衆的な概念では、宇宙に似せた人間の身体は一対から創られている。ベルベル語のいくつかの地域の方言では、思慮深い意識を有する身体を指す言葉は、イマン iman の男性複数形「イマン・ンセン iman-nsen」[2]である。イマンには、我われがすでに見てきたとおり、二つの精神が宿っている。一つは、母から与えられた植物精神「ナフス」、もう一つは、不可視な者から与えられる鋭敏な精神「ルーフ」である。

この概念は、二つの本質的な事実によって具体化されている。何よりもまず、地中海世界では、男性的不能は決して言及されることはなく、またその治癒はいかなる参詣の対象となることもなかった。

1 ここには、夫婦は相互依存関係にあり、互いに必要とし合い、家庭は両者の協力によって完全にされるという思想が示されている。

2 本書一〇五頁の注参照。

他方で、女性が不妊か子沢山かは重要な問題となった。この問題は、地中海世界の至るところで――おそらく他の地域でも――巡礼の最重要の目的となった。埋葬の際、墓掘り人が墓を埋める前に、ターレブ――コーラン教師――が遺体に近づき、死者の母親の名前とともに低い声で「おお、誰々の息子よ」と言葉をかける。この後、死者は天使たちからの「最初の尋問」に答えることになる。

こうして神の霊感であり、鋭敏な精神であるルーフは、最後の一息とともに自由になる。他方、植物精神であり、母の体内の意識であるナフスは、その後も少しの間、肉体のそばに留まる。誕生から死までの人生の旅観念は、決まった季節に行われる巡礼や、クラン・村・小集落・部族などの集会組織に条件をつけたり、農業儀礼に影響を与えたりした。この旅観念はさらに、慣習法――その地域的な適応がどうであれ――の大枠の決定にも関与していた。

この二つの精神はまた、すでに述べたように、民衆的イスラームによる聖地――ナフスが訪れる石や泉、ルーフによって禁じられた樹木や森――の観念の土台にもなっている。

(b) 衣服

伝統的衣装は、身体と、社会が個々人に割り当てている地位のイメージの産物である。その特徴は、特定の集団への帰属を示している。たとえば、知識人はバーヌースのフードの端を折り曲げており、カビリーでは職人たちがそれをひさしのように伸ばしている。

さまざまな服装の概要を述べる前に、衣服の社会的機能を述べるのが良いだろう。自分が所属する集団の外に出歩いたり、あるいは他集団との同盟関係を結ぶ任務にかかわったりする必要のある男性は、自身の帰属を示す目印を身に付ける。女性は、自分の社会集団の外に出る時――誰も彼女のことを知らないところに行く場合を除いて――自分が既婚か未婚か、あるいは未亡人かという社会的身分を衣服で示さねばならない。それは、ヴェールの色や被り方の違いで示されたり、またアルジェリアとチュニジアの町におけるハイクやモロッコの町でみられるゆったりしたジュラバ[1]の場合は、その着方の違いによって示されたりした。なおジュラバは、もともとは男女兼用であったが、少し前から女性の衣服になりつつある。

北アフリカでは、衣服の基本的素材は羊毛であった。しかし、近代以降になって綿花が、その後、合成繊維が輸入され、それらが羊毛にとって代わった。綿花や合成繊維は、家で紡いだり織ったりできないので、社会階層と衣服の生地の違いという新しい差異をつくりだした。北アフリカの衣服は、着る人がどの社会層・社会集団に属するかによって異なっている。

・住環境：都市の服装と農村の服装に違いがある。
・言語：少し前までは、アラビア語話者かベルベル語話者かは、服装の違いで判断することができた。

1　ハイクは、一枚の大きな薄手の布を頭からすっぽりとかぶって全身を被う衣服。ジュラバはフード付きの長衣。

・身分：多くの場合、同じ衣装を身に着けることで識別される。
・社会階層によっても服装に違いがあった。

山岳地域の農民たちは昔から、見せかけの袖と、袖の位置に切り込み――すぐに手を抜き出せるようにするためである――があり、灰色と黒の縞模様のついた、ゆったりとした羊毛製のチュニックを着ている。モロッコのアトラス地域の農民は、アクニーフという、背中部分に赤やオレンジ色の大きな卵形の模様のついた茶褐色のケープを着ている。女性たちはかつて、両脇からひざ下までを包む羊毛の一枚布と、留め具でその布と結ばれた羊毛の大きくて短いケープを、くるぶしまで達する腰布に重ねて身に纏っていた。この短い羊毛のケープは、以前は毛がついたままの黒ヤギの皮で作られており、泉から水を入れた革袋を運ぶときに、革袋から染み出た水で服が濡れるのを防ぐのに役立った。ベルベル語ではこのケープをイジウ（皮）と呼ぶが、パウサニアスによれば、ギリシア人たちは、このイジウを、リビア人の女神――アテナ神と呼ばれた――の盾を意味する言葉として用いたという。今日、綿織物の服の普及とともに、水運びに革袋が使用されている地域において、水濡れ防止にはコルク製板が使われている。モロッコのダデス川流域[1]やワルザザート地域の女性たちは、銀の留め具で両肩に止められ、両縁に紐のついた羊毛の長いケープを着用している。アルジェリアのベルベル人の住む山岳地域では、少女や若い女性たちの衣服の色は黄色で、年配女性の服の色は赤である。また、今日でも、女性たちが身に付ける木綿製の服の色が変わっていないということは、注目に値する。かつての腰布は、死と再生、および多産など女性を象徴するヘビの皮を想起させる複雑な模様のベルトで飾られていたが、今は赤と黒の縞模様の布地のものが着用されている。

最近のヨーロッパの農村女性の衣装は多彩であるが、モロッコ女性の衣装は昔からそれと同じくらい多彩である。そのいくつかを挙げてみよう。モロッコ南部の女性が、青い大きなスカートと合わせて身に着ける、同じ青色の布製の円錐帽。〔高アトラスの〕アイト・ハディードゥ族の女性たちが身に付ける、銀のイヤドロップで装飾された、羊毛製の多色の重い被り物。リーフの女性たちが、赤と白の縞模様のローブと一緒に被る、青い房で飾られた大きな麦わら帽。グリミン[2]の女性たちが被る、深い藍色の頭巾。クスィーバ地方〔ベニー・メッラール地方の村〕のオレンジと白のとても美しいハイクも忘れてはならない。

男性の被り物は、普通はターバンであり、頭に巻く一枚の上質な綿布で作られている。それは、襟首を覆う巻き方もあるし、そうでない巻き方もあって、ターバンの巻き方や着用の仕方は、地域や部族ごとに異なりきわめて多様である。女性の被り物は一般的にはスカーフで、その着用方法は、男性のターバンと同様に地域や部族ごとに異なる。農村の女性は、ヤシの葉で編んだ大きな帽子を被る。この帽子の縁は、しばしば三角模様に折り曲げられた多色のビロード生地で飾られ、また、時には帽子の上に鮮

1　ワルザザートから東北に流れる川。
2　モロッコ南部、アガディールの南二〇〇キロメートルにある町。

やかな色糸で編まれた小さな房や、赤革のアップリケが付いている。いくつかのベルベル人の居住地では、男性たちは、形も色も多様な羊毛製の小球帽を被っていた。その帽子は、集団やクランへの個人の帰属を示していた。装身具には、サンゴの破片を混ぜたり、香りを出すためにペースト状のクローブを忍ばせたりした銀製のネックレスやイヤドロップも含まれる。イヤリング、ブローチ、ブレスレット、ベルト、アンクレット、王冠なども装身具である。それらは全て、象徴的な意味を持ち、また地域ごとに明白な特徴がある。ベルベル人の住む山岳地域では、装身具と言えば銀製であるが、古い銅製のものもある。アラブ人地域や都市部では、装身具は金製である。カビリーの若い女性が結婚式で身に着ける銀製の装身具の重さは、十キロにもなる。

民衆的な伝統や歌のなかで表現される装身具の象徴の意味については、まだ研究すべき余地がある。装身具の図柄に大きな関心を寄せる記述的な研究は、装身具職人の役割についての分析を怠ってきた。イヘッダデン・エル・フェッタ――銀鍛治職人――は、時には武器製造職人でもあり、彼らの移住によってその技術はインドからモロッコへと伝えられ、またトルコ人が連れてきた捕虜も確かにその技術の発展に貢献したし、ゴート族やヴァンダル人も同様の貢献をしたであろう。

衣服の欧風化はあっという間であった。男性の方が女性よりも欧風の服の普及が早く、最下層の男たちまでが、欧風の服――古着であったが――を身に着けた。女性の服装の欧風化は男性ほどではなかったが、それでも長い間、伝統的な衣装を変えることのなかった女性たちが綿製の衣服を纏うようになった。

チュニジアは例外であるが、都市部では、服装の西欧化は、女性の社会的地位についての新たな概念の受容――道徳慣習の根本的な改革ではないにしても――を伴っていた。服装の西欧化は、農村では進行が緩やかであったものの、若者たちによって進められた。彼らは、周囲の社会的状況によっては、危険を犯すこと――まさにそのとおりであった――になったが、「ジーンズ」や「Tシャツ」をあえて着るようになった。

保守派の圧力団体によって強要されているイラン人女性のチャドルの着用が、一般化するかどうか、または西洋の文化的衝撃の前に後退するのかを判断するのは、時期尚早である。

(c) 居住形態と社会組織

北アフリカには、三種類の居住形態が存在する。

- 建築された住居
- 穴を掘られた住居、すなわち設備を施された穴居
- テント

建築された住居は、以下のように分類される。

- 切妻型屋根の住居
- テラス付きの住居

・ドーム型屋根付きの住居
・石積みの円形の建物

切妻型屋根の住居は、マグリブ北部の山岳地帯、特にアルジェリア・モロッコ国境からチュニジア北西部のクルーミリー山地までの地域と、地中海沿岸部から高原までの地域に広がっている。屋根は「ローマ風」と呼ばれる日干し瓦で覆われている。最近までこの瓦は、皮をはいだ木の幹の上で乾燥させて造られ、形は円柱状を成していた。また、今でも若枝や草で覆われた住居が存在し、その屋根は日干しの粘土や練り土で固められている。カビリーのアクファドゥでは、屋根がコルク板で作られている家がある。切妻型屋根の住居は一般的には石造りで、壁の内側の石は艶出しの塗料で上塗りされている。天井は、同じ塗料で艶出しされた葦の野地板で作られている。家は長方形で、その長辺の三分の一のところが壁で仕切られており、そこにイクファーン――日干しの粘土でできた穀物保存用の大きな甕――が置かれている。一番大きな部屋は、住居として使用される。住居の南端の天井の上の空間は、屋根裏部屋として使われたり、二世帯目の夫婦の部屋として使われたりする。北端の低くなった所には、家畜小屋が設えられている。家畜小屋と居住用の部屋は盛り土で区別されているだけで、低い所の一部が秣《まぐさ》棚として使われる。

テラス付きの住居は非常に広い範囲に分布しているが、その地域は、アルジェリアのシェリフ高原北部の山岳地域を除いて、ザナータ系ベルベル人の居住地域とほぼ一致する。各部屋は小さな中庭を囲むように配置され、中庭には、雨水を溜める貯水槽が設けられている。貯水槽の上は屋根がなく、そこから明かりが取り込まれ、換気が行われるようになっている。〔モロッコの〕南西部方面、高アトラスが中アトラスと接する地域では、中庭式のつくりで、四隅に塔が設けられた、四角形の大きな石組みのティグレムト[1]がたくさんみられる。この建築様式は、高アトラスの南側の斜面に特に多い。それらは、以前は共同の倉庫や避難所、時には遊牧民の家族の一時的な住居として使われていた。

ドーム型屋根の住居は、そこが半遊牧民の居住地であることを示している。その建物は乾燥粘土で作られ、壁と屋根にはティムシェント、つまり屋外で少しだけ焼いて作られた石膏が使われている。屋根はドーム型に作られる。一つの住居の大きさは、長さが約四メートル、幅一・九メートルである。一つの住居は二つのクッバ、つまりドーム型屋根で覆われている。ムルーヤ渓谷に沿って延々と続くサハラ風のクスール[2]が形成され、高アトラスの南側の斜面には石や煉瓦で造られた四角形の大きな住居ティグレムトやテラス付きの住居が広がっている。これらはサハラやオリエント起源の建築様式の影響が、中アトラスの多くの山地民や、アルジェリアの島状に点在するベルベル人の村にも及んでいることを示している。

1 複数形はティグリミン。ここでは住居の様式の意味で使われているが、壁で囲まれた集落、町の意味でも用いられる。後者の意味ではアラビア語のカスバとほぼ同義である。

2 壁で囲まれた要塞住居。集落の意味でも用いられる。ティグレムトとほぼ同義。

タズータートは、二階か稀に三階建ての石積みの円形建築で、南フランスの日干し煉瓦造りの家、ボリーに似ている。ボリーと同じく、タズータートも本来は住居であったが、後に家畜小屋や納屋になった。このタイプの建築は、モロッコのドゥッカーラ地方でよく見られる。オーレス山地では、村は石積みや木の枝でできた囲い、時には村の外にまで広がった囲いで守られている。このように村の民衆的な伝統のなかに、人びとの古い居住環境が残されている。

遊牧民は、しばしば洞穴を倉庫や避難所として利用してきた。それは、最近まで、アルジェリアのトレムセン地域のベニー・バフダル族やチュニジアのカイラワーン北西に位置するウスラト山地の住民、そしてトリポリタニアのナフーサ山地の住民などに見られたことである。チュニジアでは、マトマータ族が、地面を深く掘った穴を住居としてきた。部屋は人工の洞穴で、幅が八から一〇メートル、奥行きが六から八メートル、長いところでは一〇メートルもあり、四角い井戸の形をした中庭に面している。トンネル型に掘られた狭い廊下を通って、あるいは切り込みの入ったヤシの幹で作られた階段を通って中庭に行くことができる。こうした住居様式は、特に耐久性に優れ、熱を完全に遮断できたので、今日まで住居として利用されている。

北アフリカには、二種類の移動式住居が存在する。布で作られたテントと莫蓙や木の枝で作られた小屋である。テントはオリエントのものと似ているが、おそらくそれらは、八世紀初頭にベドウィンの部族らによって持ち込まれたものだろう。しかしながら、それ以前にもいくつかの遊牧民部族が似たようなテントを持っていた。それらは、フリジュという、羊毛あるいはラクダか馬の毛で織られた帯で作られている。フリジュの幅は四〇から七〇センチメートル、長さは四から二〇メートルにも達する。オランの南部では、テントの布地には背の低いヤシの木の繊維が混ぜられていて、それがテントにより明るい色味を与えている。アルジェリア南部、ウラド・ナイル地域のテントは、赤い二本の帯状の縞が入った黒色である。シャアンバ部族地域ではこの二本の縞の色は茶色、チュニジア南部ではテントは黒一色である。移牧民のテントは、垂直状の二本の支柱に支えられたわずかにアーチ形をした梁の上に張られている。二メートルに及ぶこともある棟梁《とうりょう》には、両端にそれぞれ二つの穴が開いていて、その穴に支柱が収まるようになっている。フリジュの横幅がほぼ同一なのは、それらの帯が同型の織機で編まれているからである。帯の長さは自由に変えることができるが、横幅は、足の間に置かれた織り機の前に立ったり、腰を曲げたりして働く女工の足の幅によって決まる。テントは二つの型に分類される。一つは西洋風テントで、その骨組みは、平行した二つの支柱の上に一メートル二〇センチの梁が置かれている。もう一つはオリエント風テントで、とても短い梁と交差した支柱が特徴である。モロッコのタシュルヒート〔スース〕地方やチュニジア南部で見られる背の低いヤシを編んだ筵で作られた小屋は、周辺のテントをモデルにして建てられている。さまざまな部屋を指す用語も同じである。最後に、民衆は、ヘナン（単数形はヘン）と呼ばれる革のテントの伝統を記憶している。ヘナンとはおそらく、その従者とともにヒトコブラクダに乗ってやってきたホッガールの伝説上の女王ティンヒナンに由来する。ホッガールの女王の墓は、考古学者によって掘り起こされたが、何の科学的な結果も得られなかった。発掘された骨は、アルジェのバルドー美術館に保管されている。

(d) 建築の儀礼

多様性に富んだ建築儀礼は、人間集団、つまり家族と、そのクランや不可視な存在――守護聖者や祖先、守護神――との間で結ばれた過去の契約の印を示すものであり、またその記憶を呼び戻すものでもある。

建設が決まると、家長がまず、雄羊か、頭部の黒い羊、黒いヤギまたは子ヤギを犠牲に捧げる。犠牲にされる動物は、その血が建物の建つ土地に流れるように喉を切って屠られる。地域によっては、家の女主人または家族で最年長の女性が、土地の一画に、吉兆を願って品物や食料品を置くところもある。それらは、少額の金銭だったり、羊毛の房や一握りの小麦だったりする。この作業を取り仕切るのは、親方である。彼は、建物の将来の所有者であるクランに属する男たちの立会いのもと、地中海的な伝統が根強く残された、人と大地の暗黙の相互契約に基づいて、この作業を行う。その後、壁が建てられ、そして家の中心に大黒柱を立てるための穴が掘られる。ザッカール地方〔アルジェリアのミリアナの北の山岳地〕では、家族で最年長の女性が、新生児のへその緒の上に塩を置くかのように、その穴にひとつまみの塩をそっと置く。大黒柱が立てられた後、梁がその柱の上に置かれる。その瞬間、結婚式の宴の時と同様に、男たちが鉄砲を鳴り響かせ、女性たちは歓喜の声をあげる。大黒柱と梁は、家に住むことになる夫婦を象徴している。人びとは、新婦に対しては「神があなたを家の大黒柱のようになさいますように」と言い、新郎には「神があなたを家の梁のようになさいますように」と言う。続いて、家を聖なる囲いとする、家禽の犠牲が捧げられる。その犠牲の行為は、大黒柱へ、敷居へ、さらに門の楣《まぐさ》へ、囲炉裏へ、穀物を保存する甕へというようにさまざまな場所で行われる。カビリーのワーディアの地で行われるように、時には女性たちによって描かれた象徴的な絵で、家の内部全体が飾られることもある。これらの絵とそのモチーフは、縁起が良く、家の象徴的なお守りとなっている。

テントも家と同様に象徴的価値を持つ儀礼に包まれている。モロッコのウラド・ブー・アズィーズ[1]では最近まで、新しい羊毛の帯の仕立ては春に行われていた。女性たちは、歓喜の声をあげながら、織りあがった帯を棒で叩き、布地のなじみ具合をよくする。これは「テントの結婚式」とも呼べるものである。テントの女主人は、結婚式で出されるドライフルーツや茹でた干し野菜など、祝い事の食べ物を近所の人たちに配る。家長は、テントの最初の杭を打ち込むとき、地面に一握りの緑色のハーブを置く。こうした犠牲や供物、家やテントの擬人化という儀礼は、その敷地を聖別化する。こうしてここに生きる人びとは、聖域、つまりフルマ——呪術的な保護を得た囲い——に対し畏敬の念をもって振る舞うことになる。

文化変容は、住居やその建築資材に変化をもたらした。そうした変化には二つの要素がかかわっていた。一つは、一部の者が裕福になったことであり、もう一つは圧倒的に拡大した貧困である。富裕になった定住民は、家を改良し、西洋風の住居を志向した。富裕になった遊牧民は、テントを派手に飾り

1 モロッコの中西部ドゥッカーラ地方に住むアラブ系ヒラール族の部族集団。

つけ、時には石積みの壁でテントを囲ってしまい、固定住居のようになったものもある。他方で、スラム街などの貧困地区には、波型のトタン板やボール紙の板で建てられた家があるが、長方形の家の形や丸くなった背面からそれが元はテントであったことがわかる。

ヨーロッパ諸国で手にした賃金によってかなりの豊かさを得た家族が、ブロックやレンガで作られた、さまざまな形の「一戸建て住宅」を建築した。各地に出現した、こうした家々の集落はまるで分譲住宅地のような景観を形作っている。

(e) 政治的組織

居住形態とは、社会的諸関係をもつ空間において、〔人びとが〕さまざまな建築資材でできた衣服〔を纏った姿〕である。シテ[1]（都市）は、ある政治的組織の表現にすぎない。ベルベル人地域において長い間そうであったように、かつての、またつい最近までの地中海全域において、〔定住都市と同様に〕遊牧部族の政治的組織の土台は、シテであった[2]。定住都市と遊牧部族という二つのシテの事例から、社会構造も同じ二元論的思考から成り立っていることがわかる。アルジェリアのサハラに位置するサイード・オトバ族の九つの分集団《フラクション》は、二つのソフ〔部族同盟〕に分けられる。ダフラーニー・ソフとゲブリー・ソフである。始祖であるラビーア・ベン・エル・オトビの四人の息子と二人の妻から、四つの分集団が生まれ、それぞれの分集団が二つに分かれた。長男の子孫らが宗主の分集団を形成し、次男以下の子孫が従属的な分集団を形成した。その後、外部からやってきた人たちが、サイード・オトバ族と同盟を結び、別の分集団を作った。定住民の村も同じ構造を有している。村は、始祖の子孫らによって築かれた二つのソフ——高地のソフと低地のソフ——から構成されている。低地のソフには、何より職人や新参者が住んでいる。遊牧民に対する民衆の伝統的イメージはテントである。テントの帯は、二つのソフを意味するものとして縫われ、両者はテントの頂点で合わされる。定住民に対して抱く伝統的イメージは、屋根の二つの傾斜であり、それらは一対の「片割れ」の対立と補完の関係を示している。たとえば、カビリーでは、一対の片割れは、異なる社会的機能によっても、またそれらの両極の関係性を特徴付ける禁止事項によっても、表現されている。たとえば、カビリーの村タッダルト・ウフッラの高地のソフは、陽と乾の極を表し、低地のソフは陰と湿の極を表している。

各家族、各クラン、各都市、そして各部族が、特別な禁止事項を有している。伝統的なマグリブの政治地理学の基礎となる、これらの禁止事項に関する詳細は、まだ研究の余地がある。少なくともそのなかの姻戚関係の範疇を規定する禁止事項の研究はなされていない。

モロッコの諺では、「父方の平行イトコと結婚する男は、彼が屠る羊の群れを知っている[3]」と言うが、

1 ヴィル ville が一般的な都市であるのに対し、キヴィタス civitas に由来するシテ cité には市民共同体的意味が含まれていた。

2 定住都市も遊牧部族もその政治組織としてはシテと認識されていた。カエサル『ガリア戦記』に登場するガリアの諸部族もローマ人の理解ではキヴィタス civitas であった。

3 父方の平行イトコ、つまり父の兄弟の娘、と結婚する男は、自分が相続する遺産をよく知っている、という意味。

これはベルベル的というよりアラブ的な過去について語っているものであろう。実際に、アルジェリアのベルベル語が話されている地域、特にカビリーにおける選好婚[1]は、母方の交叉イトコ〔母の兄弟の娘〕か平行イトコ〔母の姉妹の娘〕との結婚である。すなわち、北アフリカには、二つの選好婚があり、そこから二つの親族図が作られている。一つは、親族図が男系によって作られるもので、おそらく非常に起源が古く、民衆的な伝統によれば、定住民の村の原型になっている。もう一つは、家族は父系で父方居住であるけれども、親族図は女系によって作られるものである。

養取の儀式では、大規模な共食が執り行われる。カビリーでの共食の食べ物は、塩で味付けした大麦の粥、タグッラ・デル・マーレフであり、かつてのモロッコのベルベル人の間では、タダ、つまり乳か、乳の入ったクスクスなどであった。

〔家屋としての〕家と姻戚集団の関係では、三つの下位集団が区分されている。

・その家で一緒に生活する人びと
・その家に自由に出入りできる人びと
・その家を訪問する前に取り次ぎを必要とする人びと

家には、父、母、息子たちとその妻子、結婚年齢に達していない未婚の娘、離婚した娘が暮らす。遠方に嫁いだ娘たちは、祝祭日を利用したり、またベルベル人居住地域では女性の「里帰り権[2]」を利用したりして、問題なく実家に帰ることができる。成人に達した息子たちは、彼らの母方の祖母が生きている間しかその家に入ることができない。〔息子にとって〕母方の叔父は、自分の姉妹が生きている間しか、甥の家〔その息子の家〕に入ることができない。かくて、家の生活と出入りに関するルールができあがる。まず、家で一緒に生活する人びとは、同じ父か祖父を持つ者たち——家族の主桁に支えられた人びと——である。続いて、〔家の息子の立場からみて〕ルールは以下のようになる。その家に自由に出入りできる人びとは、大黒柱である母親と親族関係のある者たち、つまり母親の兄弟たちである。ただし、母親の兄弟〔息子の母方の叔父〕でも、自分の娘をその家の息子の嫁に出している場合は、取り次ぎを必要とする。というのも、家の息子の義理の両親〔家の息子の妻の両親〕は、取り次ぎをしてもらった後でしか、その家に入ることができないからである。その家の息子は、義父や義兄弟〔自分の妻の父や兄弟たち〕と一緒に食事を取ることはできないし、通常、義父や義兄弟が到着したら、その息子は家を空ける。また母方のクランに属する者は、一時的に来客として待遇を受けられる。外来者は、その身分に応

1 より望ましい婚姻。

2 この権利は、結婚した女性が、夫、舅、姑との関係が悪化したとき、あるいは彼らに対し不満があるとき、特に断ることはせずに、突然、実家に帰ることのできる権利のことである。夫が、舅、姑と一緒に、彼女を迎えるために彼女の父親のところにやってきて、彼女に謝罪をしたときにのみ、彼女は夫のところに戻る。マグリブの伝統的ベルベル人社会で広く認められた慣習であった。この慣習は、ベルベル語では、「嘆願に行く」ことを意味する、アヘッレル ahellel とよばれる。

じて、村長や分集団長によって迎えられ、モスクに宿泊するか、三日間までは村の一家族の責任と保護下で過ごすことができる。

大家族は、復讐の共同体とみなされる。つまり、大家族の全ての男性は、そのうちの誰かが自分の名誉を傷つけられたと考えた場合には、彼とともに復讐のために立ち向かう連帯責任を負っているし、その行為の結果に対する責任を引き受ける覚悟をしていなければならない。女性はその対象外である。それどころか、復讐の相手として名指しされた男が女性と一緒にいた場合は、人は自らの家では殺されないという理由と同じ理由でもって、その男は一時的に容赦される。すなわち、女性は家のフルマとみなされているのである。男は、自らの家のなかや、自身の母、妻、姉妹など女性の近くでは、自らの血を決して流してはならない。

フルマのこうした考え方は、権利の重要な基礎概念である。家やテントに住む人びとは、自らの家屋敷の周りの霊的な庇護領域を冒すようなことは何もしてはならない。家長は、自分の息子やその子孫、および自分の家で暮らす娘に対して、生殺与奪の権利を有している。罪を犯した女性は、家族のもとに返され、その家族の名誉を冒した者として厳しく罰せられる。村や部族は、家長としての義務を果たせない者や不在の家長に代わって、その役割を果たす。近親相姦や姦通は、当事者だけでなく、それによって生まれた子どもも死刑にされる。その子どもたちは文字通りの犯罪人ではないが、その不浄性による神の怒りが、復讐の連帯責任という観念に基づき集団全体に及ぶ恐れがあると考えているからである。かつては、もし家族がそのフルマを守ることができなければ、犯罪人たちは共同体や村、もしくは分集団によって石打ちの刑にされた。

村は、犯罪に対して厳罰を課すことによって、または軽犯罪に対しては罰金の支払いを命ずることによって、その村の霊的な完全さが守られるように、厳重に監視をしている。こうした集団的道徳についての発言権をもつ者は、ジャマーア——定住民の地域では一対の牛を有する家族の長たちの集合体、遊牧民の地域では「大テント」の長らによる集合体——である。ベルベル人の定住民の地域では、ジャマーアによって選出された一年任期のジャマーア長が、村の代表に就く。彼には、二人、または複数人の補佐役——彼らは、二つのクラン、あるいは異なる地区を代表している——が付く。集団意識は、古代ギリシア語のカノンから派生したと考えられる、ベルベル人のカーヌーンによって表現される。このカーヌーンという法体系は、非常に柔軟で、それが文章として明文化される時には、犯罪事例が、それにかかわる処罰規定とともに列挙されるという形をとる。村や町の金庫に納められる罰金は、耕作の前の秋祭りに犠牲として捧げられる動物を買うために使用される。それは、贖罪の「いけにえ」という性格を表現しているのである。

遊牧民の間では、部族の長はしばしば代々同じ分集団のなかから選ばれる。彼は部族運営のため、二人の代表者——それぞれのソフから一人ずつ選出——と、複数の分集団の代表者会議によって補佐されている。たいていの場合、分集団の長は代々同じ家族から選ばれる。出席者が制限された会合は、秋に部族長を囲んで開催される。全部族の会合は、巡礼の期間中、牧草地への移動の際に行われる。定住民もまた、集団としての部族概念を持っており、その部族概念は、一つ、あるいは複数の村——村もまた二つのクラン、あるいはソフに分割される――の特別な機能や役割を調整している。カビリーの海寄りの地域に住むイフリッセン・レブハルのような定住部族は、最近まで、四つの分集団に分かれた四十の村(三つの分集団がそれぞれ十二の村から成り、一つの分集団が四つの村から成る)から構成されていた。それら全体は、高地のソフと低地のソフに分かれていた。四つの分集団のなかのそれぞれの村は、毎年三月から四月に開催される「十二人の会議」に代表者を送る。この会議は、平時には、同じ分集団内の複数の村の利害にかかわる場合に開催される。すなわち、共同で行われる作業や、道路の改修などである。戦時には、会議は、アミーン・ル・ウマナー(村々の指導者たちの長)を選出する。彼は、兵士の動員や、糧食・武具の準備の責任を負う。十二人の会議の決定は、各村のジャマーアの決定を無効にし、万一、決定に従わない村があった場合には、その村に対し制裁的遠征を命じることができた。十二人の会議の上位には、各分集団四人ずつで構成され、全部族の利益を代表する「十六人の会議」が存在していた。そこでの決定は、分集団間の争いを停止させることができるし、反対に、分集団を部族の争いに巻き込ませることもあった。最高決定機関は、伝統的な二つのソフに分割されている諸部族を再結集して、部族同盟会議として開催される「十六人の会議」であった。

同様の組織は遊牧民のなかにもある。二十世紀初頭、五人の建国部族の兄弟の子孫であることを主張したモロッコのザンムール族は、一万二〇〇〇以上のテントを所有し、およそ六万人の子孫――イーサーを共通の始祖と名乗る人たち――の集団をなしていた。

村や部族の集団に類似した組織の記憶は、マグリブのさまざまなベルベル語地域で、長い間維持されてきた。多くの場合、この記憶は、ベルベル語が消滅した後も長く残存し、集団間の敵対や、根強い偏見・憎悪の唯一の説明要因になっていた。

(f) 家族

家族の基礎は、夫婦である。重婚は、村や部族の創設伝説のなかではしばしば語られるが、実際にはそれほど行われてはいない。

家族の各メンバーの位置関係は、家の中でもテントの中でも、日中もまた夜も、慣習によって決まっている。それゆえ、メンバーにとって、家の外での愛称とともに、家族のなかでのメンバーの互いの名前の呼び方、呼ばれ方を正確に使って呼ぶ必要がある。

家の主人は、その息子と未婚の娘に対して全権を有している。家の女主人は、自ら共同の倉庫から取り出す食料(油や穀物、野菜、ドライフルーツ)の配分を取り仕切ることで、息子の嫁たちを差配する。

家長が死亡した場合、年長の息子が彼の後を継ぐ。しかし、正確に言えば、これは家長の遺産を相続したとは言えない。なぜなら、家長の重要な義務は、家族の安全を守ること、そして村、クラン、あるいは分集団における家族の地位を守ることだからである。家の女主人は、年長の息子の嫁――長男の配偶者――に補佐されて、自分の優位性を保持する。この状況が家庭内対立の原因になることは避けがたい。年長の息子が死亡した場合には、既婚の兄弟のなかで最年長の者が、自らの価値を認めさせることに成功すれば、その兄の後を継ぐことができる。

娘は、結婚とともに、父方の保護下から出る。それはさまざまな慣習的行為によって明白に示される。

しかしながら、もし、ある夫婦に娘しかいない場合、少なくともシェリフ渓谷の西に位置するベルベル人地域では、父親が年長の娘の婿に自らの権限を譲り渡すこともできる。

(g) **クラン**

クランは、複数の家族から構成される。現実にはクランとは、出生によって男の人数が増えたこと、家族間の同盟によって優越的地位を獲得したこと、会議において重みを増したこと、などによって強大になった家族が拡大した形である。弱小の家族や、有為転変を経験し、保護を求める個人は、そうした家族に結集してくる。

クランを構成する諸家族はしばしば、共通の祖先の子孫であることを主張したり、あるいは自分たちは共通の始祖によって築かれた諸家族のうちの一家族（一般的には最初の家族）を支えとしてきた、と述べたりする。

一つ、あるいはいくつかのクランが、村の「半分」または四分の一を占めたり、分集団の一部をなしたりすることもある。

社会的な次元を別にすれば、カビリー語のアドルムと、大部分のベルベル語地域で過去に使われたアラビア語のソフとの間に、明確な意味の違いはない。アドルムとは、向かい合い、そして補完し合う二つの傾斜を持つ屋根を意味する。ソフは本来、遊牧民の住居において、テントの屋根用に織られた帯を意味していた。

適訳とは思われないが、ソフはしばしばフランス語で「政党」を意味するパルティ（党）と訳されている。実際に、ソフは、重大な問題に直面した時に採る立場を示す言葉としてしばしば使われる。たとえば、占領者や外国勢力に対して採る立場である。

村や部族は、複数のクランから構成され、複数のクランがソフやアドルム（複数形イデルマン）として組織されている。

いくつかの村や分集団が集まって、一つの部族集団を形成し、いくつかの部族が集まって連合体を形成している。

これらの各集団は、その地域に特定の集会場を持ち、それぞれの会議で議題が話し合われる。村や部族、部族連合の会議の権限は、より小規模な集団——村や分集団——の会議規則に基づいている。

(h) 女性の社会的地位

女性たちの役割を語ることなしに儀礼や制度や経済活動について語ることは不可能なので、私は、家族のなかや、家の建築における儀礼や特有の振る舞いのなか、さらにまた日常生活のなかにおける女性の地位についてすでに述べた。要するに、家族と家は、女性を土台にして、その上に築かれているのである。そのことは、大黒柱が女性であることを示している。

ベルベル人の伝説的な歴史で描かれる人物カーヒナ[1]は、本書で考察している社会における女性の地位をわかりやすく説明するために、〔研究者によって〕しばしば引用される。

この人物に関する史料は、イブン・ハルドゥーンが記述した歴史書の一頁と数行だけである。「ハッサーンは、ベルベル人のなかで最強の王について尋ねた。すると、ジャラーワという強大な部族を指揮する女、カーヒナであるとの返事があった。そこで、ハッサーンはカーヒナに向かって進軍し、ミスキヤーナ川の岸に陣を構えた」［＊ハルドゥーン、第一巻・214頁］。

このハッサーンとは、〔ウマイヤ朝第五代〕カリフのアブドゥルマリクがイフリーキヤで戦いを行うようにとの命令とともに派遣したハッサーン・ブン・ヌウマーン・ガッサーニーである。ハッサーンの軍隊は、カーヒナの前に敗れ、トリポリ州のガベスの先へと逃げた。

この時からカーヒナは、アラブ人らに対してゲリラ戦を展開した。それに対抗するため、アラブ人たちはクスール・ハッサーンとよばれる、要塞線というよりも複数の「砦」の建設に取りかかった［＊ハルドゥーン、第一巻・214頁］。イブン・ハルドゥーンの叙述は簡単なものであるが、西洋において多くの物語や素晴らしい歴史書を誕生させた。だがこの種の話は、ベルベル人の歴史において珍しいものではなかった。

実際に、比較的最近の人物では、カビリーのイッリテン部族の人物で「ベルベル人の女預言者」として活躍したラッラ・ファトマ[2]が有名であるが、今はすっかり忘れ去られている。聖者（マラブー）の家の出身であった彼女は、兄弟のスィ・ターイブの傍らで、フランスの植民地支配に対するあらゆる戦いに参加した。特に、一八五七年、フランス部隊がカビリーに進軍してきた時、彼女は二つの村——ティルールダ村とタクリフト村——の住民を守るために戦った。

〔フランス征服軍〕第三分団の指揮官であった将軍ユースフは、スィ・ターイブの曖昧な協力姿勢に不信を抱いていたが、ともかくこのスィ・ターイブに案内させて、アズルン・ドホールの山頂の占領を試みた。

突然襲われたカビリーの人びとは、食糧と身の回り品を持って、防備を施されたラッラ・ファトマの家に逃げ込んだ。フランス軍は、激しい抵抗に遭ったが、扉を打ち破った。

「破城槌で三度叩くと、両扉は内側へ倒れた。その直後、小柄でずんぐりとしているが、非常に美しいカビリーの女性が、敷居のところに姿を現した。彼女の目は輝き、顔にはベルベル風の入れ墨が施されていた。彼女は、上質のバーヌースを纏い、宝石で着飾っていた。堂々とした態度で、彼女はフランス人歩兵の銃剣を押しのけ、気高くも威嚇するかのように前進した。すると突然、スィ・ターイブが目に入るや、彼女は彼の方へ進み、固く抱き合った。まさしくこの女性がラッラ・ファトマである」〔*カレイ〕。

1　七世紀の後半、アラブ・イスラーム軍によるマグリブ地域の征服に対し、勇猛果敢に抵抗したベルベル部族の女王。ユダヤ教徒であったとも言われる。現在のアルジェリア東部のビスクラ周辺が拠点であった。今でもアルジェリアのカビリーでは女の子にカーヒナという名前を付けることがある。

2　フランス植民地支配に抵抗したアルジェリアのカビリー人女性。ラフマーニー教団員。

イッリテン部族のカーヒナとラッラ・ファトマの二人は、ベルベル人女性が社会のなかで不可欠な地位を占めていることを示すよい例であるが、女性が常にそうであるわけではない。女性の地位は、状況や社会環境によって、軽んじられたり、忘れ去られたり、また否定されたりしてきた。しかし、女性は家の大黒柱として今でも重要である。家を建てるには、大黒柱が必要とされるのである。

III 季節と経済活動における人間のリズム

北アフリカにおける伝統的な経済活動は、畑で生計を立てる定住民と、家畜と副次的な農耕で生計を立てる半遊牧民、それに隊商や行商人、職人のネットワークが結びつくことでできあがっている。

農業と農耕儀礼

伝統的な北アフリカは、穀物栽培と無輪犂《むりんり》の文明に属している。耕作可能な地域の南限は、定住民と遊牧民の間の境界線とほぼ一致する。そこはまた、ステップ地帯と砂漠地帯の境界に位置し、高く生い茂る広大なナツメヤシ樹林が特徴的である。またここは、特異な定住生活と農耕生活――かつてはもう少し先まで広がっていた――の南限でもある。栽培される穀物は、大麦と硬質小麦である。そして、あまり重要視されないが、副次的な作物としてモロコシも栽培される。生産量は比較的少ないにもかかわらず、穀物の栽培のみがいまだ儀礼に包まれているというのは興味深い。その儀礼が、歴史的に古く、地中海地域に共通していることは容易に確認できる。他方、ナツメヤシの栽培を除き、オリーブ栽培や果樹栽培は、生産量も多く重要であり、また特に山岳地域では氷結という偶然的な危険が起こりうるにもかかわらず、一切の儀礼が行われない。それゆえ、儀礼を経済的な要因から立証する仮説は、避けるべきである。

散居集落の地域では、大家族が家々を取り囲む土地を所有し、またこれらの家々は、家長の住居と聖なる森と墓地の周りに建てられている。十月、最初の雨の後、家長はクランの祖先によって耕された最初の畑を耕作する。それは、耕作の始まりを祝う厳かな儀式でもある。耕作の前に、一家は、ふかしたり茹でたりした食べ物を共食する。その食事は、通りすがりの者やよそ者にも振る舞われる。その後、畑に到着した家長は、東の方を向き、最初の畝に供物を置き、それから無輪犂でそれを土の中に埋める。家長は、小麦のガレットを割って、牛と一緒にガレットの破片を食べる、あるいは、ザクロやスイカなど、女性の豊饒のシンボルであるたくさん種の入った果物を細かく砕き、それを土の中に入れる。そのような儀礼をしない場合は、ドライフルーツや茹で卵が供えられる。それから家長は、祝福の言葉を述べる。その言葉は、集団ごとに異なっている。その後、土地の所有者であることを示すしるしとして、最初の畝を立てる。翌日、同じ行為がクランの他の男性たちによって繰り返され、同様の供物が神と「その土地の守護神」の名において、供えられる。

集住した地域では、穀物用の耕作地は、最近まで村の共同所有であった。耕作地は、短冊形に区分けされていた。隔年ごとに秋に、ウズィーアという集団犠牲――共同の負担で一対の牛を購入し、祖先の墓の前でそれらを屠る――の後、〔犠牲に参加した各家長は〕ジャマーアの前で一対の牛の所有権者であることを証明した上で、各家長は耕作地の区画の抽選に参加する。

たくさんの専門用語や特別な根拠を並べ立てなくても、無輪犂の統一性は、ひと纏まりの不変的な表象やシンボルをもつ集団の中心として――たとえ金属製の犂が木製のそれに代わっても――存在し続けている。日常生活のなかで、無輪犂は聖なるものに囲まれており、それを盗むことは考えられない。無輪犂は、家の敷居を越えることができない。それゆえに、無輪犂はあるべき場所、また時として聖なる場所に保管される。最初の耕作儀礼を執り行うために、耕作人は、儀礼的な清浄さのなかにいることになる。さらに被り物を被り、靴を履かなければならない。靴を履いて歩くことは、土地を受け取ることを意味する。土地の所有と同じく、土地の受け取りという行為は、伝統的に男性にのみ認められている。また牛革の靴を履くことができるのも男性だけである。私が調べることのできたテネスからシェリフまでの地域の五つの場所では、耕作を開始する日に、クランの長は、バリタという神秘的な被り物――それは、祝い事を執り行う人以外に見たことのない、司教冠のような形をしている――を被る。

この時期には、さまざまな禁止事項がある。一つは、耕作の開始日にかかわるものであり、もう一つは、一年のうち多かれ少なかれ湿潤期にかかわるものである。最初の畝を立てる時、耕作人は、墓掘り人が沈黙しているのと同様に、静寂を保っていなければいけない。葬列に参加した人が同じ道を通って帰ることができないのと同様に、耕作人は来た道を振り返ることも、同じ道を戻って帰ることもできない。耕作の期間中は、喪の期間と同様に、衣類は洗濯されてはならず、一定期間（三日間から七日間まで）は、男性は髪と髭を伸ばし続け、女性は脱毛をしない。また、湿潤期は家を石灰で白く塗ってはならない。なぜなら白は、乾燥を象徴する色だからである。

収穫の時、季節労働者は、刈り取りの遅い山岳地から実りの早い平地へと移動する。刈り取りをする人は、その人が畑の持ち主であれ、賃金労働者であれ、あるいは無報酬の労働者であれ、北アフリカのどこでも同じ身なりをしている。その独特の身なりとは、革製の前掛けと、左腕を守るための夾竹桃《きょうちくとう》か革でできた細い腕あて棒、また葦《あし》でできた一つないし複数の指ぬきである。右手には、地域ごとに形は変わるが、その基本の形は同じである半月鎌を持つ。家長によって刈り取られた最初の穂は、初穂の厳粛なる消費のために使われる。それは、無発酵のパンか濃厚なお粥であり、畑の持ち主とその作男たちが朝食時に一緒に食べる。

北アフリカのどこの地域でも、最後の畑地での収穫、そして最後の穂束の刈り取りは、儀礼的な死の体裁をとり、まさに死者からもたらされた豊饒さの終わりを象徴している。最後の穂はしばしば、特別な方法で束ねられる。その後それは、次の耕作の最初の日に、畑に蒔かれるまで、家の中の主桁に吊るされる。

麦打ち場はたいてい平らな場所に作られ、しばしば石で円形に囲われたり、低い土壁で囲まれたりしている。脱穀は、地域によって異なり、軛に繋がれた牛や、麦打ち場の中心の杭に繋がれた馬や雄ラバに踏ませて行われる。穀物の殻を飛ばすのに必要な弱い風を得るために呪文が唱えられるが、それは、村や部族での共同体的儀礼ではなく、家庭内の儀礼である。

そして最後に、穀物は穀物庫に収納される。その時、計量は時として大まかである。たいていの場合、「神の寛大さを計ることはできない」という理由で、そもそも計量はしない。地域によっては、収穫の一〇分の一——それはイスラーム法で定められたものである——あるいは二〇分の一が、貧者のために、あるいはハブース財[1]として別に分けて保存される。かつては、多くの地域で、鍛冶屋が麦打ち場に黙って姿を現し、畑の持ち主に自分の袋を差し出した。こうして、彼はしばしば、神の貧者たちが受け取る前に、あるいはハブース財の分が取り分けられる前に、特に計量することなく、収穫物のうちから自分の取り分を得た。鍛冶屋はかくて、聖なる盗人という儀礼的な権利を行使したのである。その後、穀物は保管されるが、その保管場所は次のように地域ごとに異なっている。

・約一〇〇〇リットルまで入る円錐形の筵《むしろ》の袋の中（モロッコのベニー・スヌース族の地域）。
・しばしば村の外につくられたマトムーラと呼ばれる地下穀物蔵の中（ザナータ部族の地域）。
・家の中に置かれたイクファーンと呼ばれる日干し粘土製の甕の中（カビリー地方）。

穀物庫に詰め込む作業では、穀物の貯えが早くなくなるのを防ぐために、あるいは「量を増やす」——つまり発酵を促す——ために厄払いの儀礼がしばしば行われる。厄払いの儀礼では特に、容器の底に、犠牲祭で捧げられた羊の肩甲骨や、聖者の墓から取られた少量の土を入れる。

伝統的な穀物栽培の経済的重要性は、多くのベルベル語地域で著しく低下しており、それは他の資源に取って代わられたり、〔地中海の〕「北」への移住によって重要性を失ったりした。しかしながら、穀物栽培は長い間、日々の暮らしの基本――人びとの生活はその周りに形成されていた――を形作ってきた。穀物栽培は、「資源」である以上に生活のリズムであり、一定の調和を保つための秘密の鍵であった。

牧畜

北アフリカの牧畜は、時代の流れとともに多様な技術が積み重なった統合体の様相を呈している。定住民の間では、牛は、特別な儀礼に包まれている。というのも牛は、人間の家族の生活に参加し、家族と緊密な関係を持って生きているからである。牛乳は、日々の食料の重要な補完物である。また、一対の牛の存在は、畑仕事の助けになるだけでなく、人が社会的地位を得るために必要不可欠な要素でもある。スーマーム渓谷のように夏には放牧地が痩せてしまう地域では、牛の移牧が必要である。最近まで、村々では、家畜が高地牧草地へ出発する時と、そこから戻ってくる時に、動物が犠牲に捧げられていた。すなわち、春の季節の初日、ユリウス暦の二月十五日――グレゴリオ暦の二月二十七日――に高地へ移動し、秋が始まって四十日後、最初の耕作の時に平地へ戻って動物を犠牲に捧げる。

1　モスクやマドラサなどイスラームの宗教・教育施設などへの寄進財。

略農の技術は、他の文明に由来すると思われる。事実、半遊牧民の地域でも定住民の地域と同様に春に行われる乳の儀礼は、クランの先祖との契約の更新を目的として行われるものではないし、不可視な力への祈願の行為でもない。そうではなくて、儀礼の意味は、時として悪意を持った隣人による呪術的ないたずらから、家畜や、革袋か煉瓦でできたバター製造用の攪拌機などを守ろうとすることにあったのである。

職人

雨を祈願し、豊穣さを願う儀礼に包まれた農耕社会では、人間集団は、その社会で補完的な禁止事項を有し、火を取り扱うことのできる人びと、つまり都市のなか、あるいはクランのなかで特別な地位に置かれているが、それにもかかわらず共同体の生活に参加する異人〔職人〕たちと同盟を結ぶ必要がある。北アフリカ全土で通用するカビリーの諺にこの概念がはっきりと表現され、また職人の主要なカーストが次のように列挙されている。

——鍛冶屋、肉屋、猟師、石工、彼らは盲目のまま、子も無く死ぬことになる。

鍛冶屋に伝わるいくつかの伝説は、ソロモンの父、ダビデの秘密を継承したものである。用具や武器の製造人である鍛冶屋は、多くの伝統において、村の建設者、つまり竜を殺した英雄である。[1] 彼は、特定の村、あるいは村の近くの小集落と関係を結び、族内婚によって一つのカーストを形成してきた。また、鍛冶屋は、各集落で同職組合とも言えるような鍛冶屋ネットワークを形成しており、また最近まで暗黙の契約によって村と結びついていた。鍛冶屋は、一対の牛の所有者それぞれに、畑の耕作に必要な用具と、経糸《たていと》に緯糸《よこいと》を通すのに使う織機の筬《おさ》を提供した。その代わりに、彼は刈入れの際、小麦や大麦、ソラマメが混ざった、二〇リットルほどの収穫物を受け取る。鍛冶屋からは、他の職業も生まれた。それらの仕事に従事する職人も、鍛冶屋とみなされていた。たとえば轆轤《ろくろ》細工職人がそうであり、彼らは背中に轆轤を担ぎ、木材――トネリコやクルミ材――を買い、大皿を作ってその場で売りながら、村々を転々とした。また、木挽職人や、その起源さえ忘れ去られてしまうほどの古い歴史をもつベルベル人やアラブ人の銀細工職人もそうであった。

肉屋もまた、一つのカーストを形成している。南部サハラ地域の集落《クスール》では、彼らは特定の地区に住んでおり、北部では、彼ら独自の村を持っている。市場では、畜殺場と販売区画を共同で所有している。畜殺は常に、神の名において行われる供儀の行為である。ベルベル人地域ではしばしば、家長に委託された肉屋は、家長に代わって、正統的儀礼に従った仕方で羊を犠牲にする。鍛冶屋と同じように、肉屋はその役割によって魔術的な能力を持つと考えられ、また全ての肉屋は黒人の出であるとみなされているその事実によって、肉屋は精霊たちの不可視な世界と特別な交信ができると考えられている。また彼

1　巨人ゴリアテを倒した少年ダビデ（『旧約聖書』「サムエル記」上第一七章）の武勇は、竜退治の英雄譚として発展する。そして人間が猛獣に抗して生きていくために獲得した知恵と文明が火と道具であり、こうして鍛冶屋とダビデの竜退治の英雄譚が結合する。

らは、女性に宿る不妊症を追い払うための儀礼を執り行うことができる。

石工は、単なる石切職人ではない。彼らは、油搾りや穀物挽に使うための臼や、また家庭で使用する小さな製粉用石臼も作る。一部の石工は、古い石臼を研磨し、修理するために、村々を巡回・移動する。鍛冶屋と同様に、彼らは革製の前掛けをつける。彼らの日常の道具は、手斧である。それは最も古くから知られている道具で、その形は青銅器時代から変わっていない。家の建築がクランの男たちや女たちによって行われる時、その作業はたいていの場合、請負で雇われた石工によって指揮される。全ての職人のなかで唯一、鍛冶屋と石工だけが、ムアッリム——親方——の称号を持つ。

南部サハラ地域で井戸を掘ったり、掃除したりするゲッタと呼ばれる人びとは、独自の職業集団を形成している。彼らは、ヤシ材を使って井戸の型枠を組んだり、同じヤシの木材で練土《ねりつち》の家の骨組みを立てたりすることができる大工でもある。井戸掘りは危険な作業である。穴の底で働いている人夫《にんぷ》は、サハラ地域のとても脆い土の崩落や、突然吹き出す地下水の危険に常に脅かされている。彼らが井戸を掘っている間、見物人たちは井戸の周りで踊り、井戸掘り作業を魔術的に儀礼化する。

アルジェリアとモロッコの国境地域および、モロッコ領内に位置するベニー・スヌース族の地では、男たちが地下の仕事場に置かれた轆轤《ろくろ》を使って、陶器作りを行っている［*マルティネス］。チュニジアの陶工たちの間でも轆轤は使われているが、かつては地下に仕事場があったという記憶も痕跡も残っていない。他の地域では、半円形の陶器が、女性たちによって作られている。様式や使用されるデザイン、釉《うわぐすり》を使用するかしないかは、地域によって異なる。機織りもまた、家庭内の工芸である。

ここ五十年の間で、マグリブ社会は大きく変化するとともに、ますます複雑で多様な科学技術へと向かう西洋世界との関係を強めてきたが、社会における職人の地位が今なお重要性を失っていないということは確かである。

市場と商業

市場は、単なる商取引の場ではない。ここは、何よりも、さまざまな禁止事項を有する人びとが生産物を交換しにやって来る場であり、また彼らが村や部族の境界を外部世界に開くことによって、互いに出会い、情報を交換する場でもある。こうした出会いは、おそらく血の債務を負っているクラン間や部族間の伝統的な敵意が分け隔てている人びとを、接触させることになる。そのため市場は、他の部族やクランの領地に侵入しなくてもよいようにするため、部族の辺境の地の、中立的な場所に設けられている。さらに、聖者の墓は市場を支配し、また市場の中央に置かれた石には聖者の名が刻まれることもある。それは、市場が聖者の保護下に置かれていることを意味する。この石は聖なる石であり、人びとは取引の際に、そこで誓いを立てたり、その石にかけて誓ったりする。市場はまた、村や家と同様に、フルマすなわち聖域性を有する。これは、共同で使用される製粉所や鍛冶場とは全く異なっている。市場では、非難すべき行為や非道徳な発言とともに、けんかも禁止されている。

商取引において、通貨はますます大きな役割を担うようになってきている。しかしながら、物々交換は、まだかなりの重要性を有し、経済学者が試算する家計の見積もりを完全に見当違いなものにしてしまう。通貨は、商取引において、穀物の代わり程度の役割にしかならなかった。カーストの職業的専門化の結果、生じた生産の空白を埋めることができるのは、物々交換だけであった。つまり、鍛冶屋は報酬を穀物で受け取り、陶器が必要となったときには、その穀物と陶器を物々交換するのであって、炉で作られる製品——たとえば陶器——と陶器を物々交換するのではない。

遊牧民の商人は、季節によっては早生の穀物、あるいはナツメヤシをラクダの背に積んで、南から北へと向かう。そして彼らは、乾燥イチジク、オリーブ油、また陶器を積んでオアシスに戻る。より規模の大きな取引は市場で行われるが、こうした形式の商売は、家族レベルでも行われる。たとえば、商人がやって来て、穀物と陶器とを交換しようとするとき、商人は、それぞれの陶器を穀物の価値に何度も換算した後に、穀物を陶器と交換する。

地域独自の禁止事項によって、特別な性格を持った市場もある。そこでは通常は男性たちによって排除された女性たちが、聖者廟の近くに彼女たちの市場を設け、参詣のついでに、自身の宝石を交換したり、化粧品や媚薬を購入したり、結婚の下準備をしたりする。モロッコでは、男性たちの市場の中に、女性たちの市場であるスーク・エル・グゼル——紡がれた羊毛の市場——が置かれている。

伝統的な生活のリズム

遊牧民と同様に、定住民にとっても農村の生活は、二つの時のリズムに従っている。それは、ベルベル人地域でもアラブ地域でも違いはなく、マグリブ地域の二元論の思想が反映され、表現されたものである。

太陽暦の祝祭は、ユリウス暦に基づいているが、重要な時節については暦に挿絵が示される。ユリウス暦の月の名前は、ベルベル語地域では比較的よく知られている。それらのラテン語の名前は、地方の方言によって発音はかなり変わっているけれども、容易にそれと判断はできる。それは、ローマの北アフリカ支配やローマ人の植民者――あるいはローマ化した人びと――の名残だとか、ヴァンダル民族の侵入の際に山中に逃げ込んだ人びとによって保持され、受け継がれてきた遺産だとかとしばしば言われているが、そうではないだろう。

もし一般に言われているとおり〔ラテン語の月の名前がローマ暦の遺産だとする〕ならば、民衆的な伝統のなかに、月の名前以外に、副次的な暦日の名称であるイデ[1]、カレンド[2]、ノン[3]を指す名称が残っているはずである。しかし、そんなものは全く存在しない。「この暦は、紀元前四六年に存在した、まさしくユリウス暦なのである」〔ジュヌヴォワ、著者（セルヴィエ）に送付された未刊のメモ：詳細は*セルヴィエ②・370頁〕。

さまざまな伝統によって、一年の元旦は、ベルベル語でアネブドゥ（始まり）という名を持つ刈入れ

1　ローマ暦で三月十五日、五月十五日、七月十五日、十月十五日、その他の月の十三日。
2　古代ローマ暦で月の初日。
3　ローマ暦で三月、五月、七月、十月の各月の第七日、それ以外の月の第五日。

の時期に定められた（ユリウス暦の六月一日、グレゴリオ暦の六月十二日）。北アフリカではどこでも、ユリウス暦の六月二十四日には、アインサラ（発音は地域によって異なる）という喜びの火が灯され、人びとも家畜もその火を跳び越える。その煙は、果樹をあらゆる病から守る特性を持っているとされている。この瞬間から陶工は、炭火で土製の用具を屋外で焼くことができる。家畜は高地の牧草地へ上っていく。かつては、ソフ間で、もしくは村々の間で争いが勃発したが、その理由は、家畜の盗難であった。九月、遊牧民の地域ではソフが会合を開き、クランが同盟を結ぶ。これは、十月の結婚式や、十一月の耕作に先立つ行事である。そして、無輪犂の切っ先を研ぐために、鍛冶場の火が灯される。家族は、穀物庫かサイロに蓄えられた食糧で暮らしていく。そして男たちは、扶養すべき人数を減らすために、テル山地の町へ、またはヨーロッパへと出発する。女たちは、彼女らの任務として、短冊形に区分された畑がイメージされた縞模様の毛布を織る。これは、かつては屍衣《しい》として使われていた毛布である。春には、乳製品と野菜を主成分とした一年の新しい食糧サイクルが始まる。女性が秋の結婚後にふくよかになるように、羊毛は糸巻き棒にぐるぐる巻きに巻かれる。今や、織機は羊毛で覆われている。まるで畑に緑の新芽が吹き出すように。

こうして、二つの重要な局面からなる、一年の食糧サイクルが確立する。すなわち、秋には、イスラームの儀礼に従って屠られた牛肉を煮て食し、春には、同様の儀礼に従って屠られた羊肉を焼いて家族で共食する――そしてそれぞれが季節の始まりを告げているのである。この肉の食事の儀式は、多くの場合、春と秋に一度だけ行われる。

年の途中で初物が登場することは、その時を重要な画期と定めることになる。なぜなら初物が出されるということは、一年のある局面から別の局面への移行を意味するからである。初物の消費は、祖先や守護聖者の墓の近くで、農耕儀礼に先立つ参詣の最中に、厳かに行われる。煮た食料は、秋の参詣の時の食事、また耕作や結婚式の食事として提供される。パンや乳製品だけの簡素な食事は、春の初日に共食される。葬儀では、故人の家族は、無発酵のパンを、時にはオリーブ油と乾燥イチジクと一緒に共食する。その四十日後のクスクスや煮た肉などの共食は、最初の耕作日の朝に種を蒔かれた畑の豊作祈願を象徴するのと同じように、喪の明けを示すものである。

第六章　ベルベル芸術

我われがマグリブ芸術として認める全ての領域において、ベルベル芸術――むしろベルベル風様式というべきか――は確かに存在している。

この芸術は、あらゆる形態を成し、あらゆる表現様式をとって、時代を歩み続けてきた。それは、民族学者が「進歩」とか「退化」とか呼ぶことができないものである。ベルベル芸術は、見分けがつかないほどさまざまな影響を受けた後、あらゆる形態において、アラブの芸術表現の影響を受けた。そして、より最近になってベルベル芸術は、フランスの植民地支配に伴い、美術工芸の「保護」を使命とする機関である美術専門学校の設立によって、西洋のより強烈な文化的衝撃を受けた。詩や音楽の分野では、ラジオやトランジスタラジオによって、フランス・イスラーム的な詩や音楽の強い影響を受けた。特に、一九五二年以降、ラジオ・アルジェ放送局から繰り返し流される音楽は、ベルベル人の音楽と大衆歌謡に大きな影響を与え、それらを変質させた。

I　ベルベル人の民衆音楽と民衆詩

ベルベル人の民衆音楽は、何よりもまず労働と踊りのリズムである。労働のリズムとしての民衆音楽は、石臼を挽いたり、革袋や壷に入れた乳をかき混ぜたり、梁に吊るされた揺りかごを揺らしたりする女性の動作を伴っている。このように、音楽は女性の日常生活に入り込み、次いで村、分集団、集団全体へと少しずつ広がっていく。

踊りのリズムとしての民衆音楽は、結婚式や割礼祭の儀式の時にしか見られない。

一般的に男性は、卑猥な歌——自らの年齢や社会的状況を口実にして知らないふりをしているのだが——の二、三小節か、宗教的な歌の一部分しか知らない。しかしながら、地域によっては、男性が象徴的な隠喩で満ちた短い愛の歌を作曲する。そして、もし男性が〔スーフィー〕教団のメンバーであれば、長い叙事詩や宗教的な詩の歌を作る。

〔ベルベル人の〕音楽それ自体は、アラブ音楽とは大きく異なり、しかも一九五二年までの長い間、アラブ音楽と混ざり合うことなく、共存してきた。歌は音楽にとって非常に重要である。労働のリズムの場合、歌には、カルメン[1]の魔術の力からそのリズムを守る、神の憐みを願う決まった歌詞が入っている。

1　オペラ『カルメン』に登場するジプシー女、カルメンが占いをすると不吉な結末を暗示する結果がでる、という

その他の場合には、決まった形式の歌詞が先に歌われ、その後、女性の歌手はどんなテーマでも即興で歌を作ることができる。詩に意味を与えるのは、テーマのみである。リズムも、音楽と同様に他から借りることができる。テーマだけが歌を悲しくもするし、楽しくもする。テーマは、〔地中海の〕北の国々への移住者の旅立ちや、捨てられた女性の悲しみであり、あるいは確かな愛を感じている花嫁の歓喜や、忘れ去られた母の悲哀などである。

表現法や形容語、言葉の組み合わせ方は、しばしば、ある詩から他の詩へ、ある歌手から別の歌手へと伝えられる。

こうした事実は、ホメロスの作品とされる詩についてのG・トンプソンの非常に興味深い仮説［*トンプソン］を裏付けているようである。ただし、トンプソンは、この詩は吟遊詩人と呼ばれる人たちの作品と考えている。

厳密に言えば、即興詩は存在せず、存在するのは、既存の作品の一部を使って、即興的に作られたテーマの改作である。

したがって、古いベルベル人の詩は、一定のテーマを持って存続してきたが、それは、既存の表現法が使われたり、前のイメージから連想されたりしたものである。

Ⅱ　職業としての歌手

地域によってその呼称はさまざまだが、多様な種類の職業としての歌手がいる。名前の違いは、彼らの歌のレパートリーや、彼らの置かれた社会的地位の違いによる。アルジェリアのカビリーでは、イデッバレンと呼ばれる歌手集団が一つのカーストを形成している。彼らは、非難されることもあるが、秋になって、鍛冶場の火を囲む男たちの集会が開かれる時には、称賛される。彼らの皮肉たっぷりな言葉は、ひどく恐れられ、また彼らの称賛の言葉は、非常に用心されながらも歓迎される。イメッダヘンと呼ばれる集団は、聖者への賛辞を歌う。彼らは参詣の時に聖者廟の近くに現れ、またしばしば結婚式にも呼ばれる。彼らのレパートリーには、英雄の武勲詩、たとえば、シドナ・アリー・アブー・ターリブの異教徒に対する戦いの詩なども含まれる。

子どもたちも、彼らが執り行わなければ有効性をもたない儀礼の際には、集団生活における重要な役割を担う。たとえば、春の訪れを告げる歌や吉報を伝える鳥の再来を迎える歌、また豊作祈願の際に強制的な寄付金集めを行う時に歌う歌などである。地中海の北側におけるいくつかのキリスト教の儀礼と同様に、マグリブでは、民衆イスラームの儀礼への子どもの参加が注目される。ベルベル人地域においい

意味で使われている。

ては、他の地域と同様に、子どもたちは多様な状況に応じた童歌を歌う。

言語学者は、ベルベル語の韻律を区別すべきかどうか、これまで多くの議論を重ねてきた。今日まで、ベルベル語の詩の専門家の大部分は、伝統的には決してあり得ない形態の詩の研究をしてきた。すなわち記述された詩文から、動作に伴う歌とリズムが排除されていた。

Ⅲ　民話

西洋において、民話はベルベル人の創造性の表現として最もよく知られている。二つの選集を挙げよう。レオ・フロベニウスによって翻訳されたカビリーの民話集（三巻本）と、ルネ・バセによって収集された民話集（ワルスニス高地のザナータ族に関する研究のなかにまとめられている）である。

民衆伝統におけるベルベル民話の専門家たちの間で、次のことはかなり前から了解されていることである。すなわち、民話は非常に広く知れわたり、また民話の伝承者たちは、長い歴史を有し、しかも多様かつ大勢いたので、民話の起源を明らかにしたり、あるいはその発祥の地を突き止めたりすることは、実際のところ不可能であるということを。その結果、ベルベル専門家によって収集された物語のなかには、「ロバの皮」や「シンデレラ」、「雄鶏の半分」――かつてカビリーではタブカ・イアズィトの名前で知られていた――や、また「二人の兄弟」などの民話が収められている。さらに民話には、継母や愛されない娘、不当に疑いをかけられた妻、または王の寵愛を受け、長男の妬みに打ち勝った末子などの人物が登場する。

尻尾のないジャッカル――ディーブ・ゲルティト――は、非常に良く似た物語であるイソップやファエドルス、そして〔ジャン・ド・〕ラ・フォンテーヌの物語に出てくるキツネの役に取って変わっている。民話の作者の好みで、アラブの諸王朝〔の宮廷物語〕に倣い、オリエント風の豪華な話が付け加えられたり、トルコ人が登場したりする。こうして作られたベルベル人の民話には、宮廷の陰謀話や、千夜一夜物語のなかのエピソードなどがたくさん取り入れられている。たとえば、スルターンや悍馬《かんば》、宦官、けばけばしく着飾った親衛隊などが登場する。言わずもがなだけれども、これらの話は、ベルベル人の山岳地ではあまり知られていない。

女性の語り部は、毎回、かまどの火の近くで語り始め、語り終えるとき、次のような神の許しを請う言葉を語る。「私の話は絹の糸のようであり、私は主君たちにこの話をいたしました」。あるいはまた呪いを避けるために次のような別の言葉が語られることもある。

もう我われは夢の話にまでたどり着きました。

重要なことは、「主君たち」が自分の揺りかごで眠っていること、もしくは、満腹になった時のように平穏に、その母の温かい脇腹で眠っているということです。

Ⅳ　造形芸術

さまざまなベルベル人地域では、多様な造形芸術の作品が生み出されてきた――今なお、制作中のものもある。造形芸術に関する通時的な研究は、古い作品がほぼ完全に欠落しているために、不可能である。

ベルベル人の陶器の遺物は、考古学者らによる「ローマ」の墓の発掘過程で発見されたが、最近の陶器だと判断され、関心を引かずに無視された。しかし、それこそが、歴史的な連続性の暗黙の証拠なのである。

マグリブ陶器に関する全体的な研究も――もし可能ならば――行わなければならないが、陶器以外では、機織りや木工彫刻、鉄細工、銅細工、銀細工、そしてより最近では武具製造にも言及する必要があろう。

機織りや陶器は、家庭内の芸術であり、それらは女性たちによって、家事の副業として実践される。しかしながら、いくつかの村はその作品の美しさによって、高い評価を得た。たとえば、スーマーム地方のワド・アミズール村における赤い模様で装飾された白い大きな毛布や、アルジェリアのカビリー地方のアト・インニ村における、泉から家まで水を運ぶために使われた大きな壺が、それである。これらの傑作の目録はいまだ作られていない。この二つの分野、つまり機織りと陶器の分野においては、親族内の女性たちによる伝統の継承のおかげで、作品の象徴と装飾のモチーフが維持されてきた。家の女主人は、息子の嫁たちに、家庭内の禁止事項だけではなく、毛布や時には男性のバーヌースのフード、さらに陶器にさえ、技巧に優る「相応しい」模様を描くことを教えた。職人集団による造形芸術は、古くから移住の歴史を持っていることや、彼らの開放的な精神、それから技術や技巧、新たな形・装飾的模様を取り入れることに旺盛な探求心ゆえに、非常に広範囲に普及した。

そうした芸術は、ヨーロッパ、ビザンツ、スペイン、またより最近ではトルコからの影響を受けて、豊かになった。アルジェリアで最も古い鍛冶屋の鞴《ふいご》が、カビリーのアクファドゥ地域のイヘットゥセン村で保持されてきた鞴であったということを指摘するのは、無意味ではない。というのも、その鞴は、フランスで発見されたローマ遺跡のいくつかの石碑の上に描かれているコーカサス風の絵と同じ絵が描かれた水平式鞴だったからである。私は一九五三年にそれを写真に撮影した。その後、その鞴は、村人らによって持ち去られてしまった。なぜなら彼らにとってはそれが、嘆かわしい時代遅れの証拠であり、金属製の小さなタービンに取り換えられるべきものであったからである。

職人たちの移動は、ヒマラヤ杉の大箱の製造や彫刻技術を伝えてきた。それは、かつてはアルジェリア・カビリー地域のジャマア・ン・サフリージュ村にあったが、現在ではモロッコのアズルー地方に残っている。木工の彫刻模様は、オリエントの古代の墓石を飾っていた模様に類似している。オリエントの墓石の模様はおそらく、もっと古い木工細工のそれに由来しているのだろう。

こうした芸術の歴史的な発展も、その美術的表現法も、これまで研究されてこなかった。マグリブの民族学者たちは、観光客の旅行土産品とみなされ、けばけばしく化学染料で色付けされた山積みの陶器を研究することよりもむしろ、一種の想像世界に属する経済的、人口学的データを収集することの方により強い関心を抱いている。この陶器は単なる素朴な芸術だったのだろうか？

創造性は全ての芸術分野に存在する。それゆえ、全ての地中海文明も創造性の産物なのである。昔の取るに足らない陶器を見た人が、以下のようなことを言うのをよく聞く。「これは、前ギリシア時代の陶器に似ている」とか、「アルカイック期の陶器に似ている」とか。しかし、この比較は、口承時代の詩や音楽や歌――アンリ・バセが口承芸術と呼ぶもの〔＊バセH. ①〕――を知らないために、造形芸術の分野に限って比較したにすぎない。

女性の陶工や機織り工は皆、夫のクランや村に固有の図柄を知っている。女性たちは皆、自分の仕事にリズムを与える歌や、祝い事の時に親戚の女性たちと一緒に歌う歌を、一定の規則に従って「即興で作る」。職業としての旅芸人の歌手たちは、同じ叙事詩を――その詩がいつできたかわからないほどに、新しい詩を付け加えながら――世代から世代へと伝えてきた。同様に、民話も、消えてなくなるか、あるいは集団が四散して遠くの他の文明や、あるいは祖先たちのものとは異なる生活様式のなかに融け込んでしまうまで、世代から世代へと伝えられていくだろう。

このアフリカの大地で生まれたり、あるいは育ったりした〔ベルベル人の〕多くの著名な作家たちについて、アンドレ・バセは次のように述べている。「彼らは、ローマの時代にはラテン語で、イスラームの時代にはアラビア語で著述し、そしてフランスの植民地支配から現在までフランス語で執筆している」。
モロッコ人の〔タラール・〕シャイビーアのような、ベルベル出身の画家や彫刻家たちによる西洋的芸術について言及するのは、おそらく時期尚早であろう。ベルベル系の詩人や小説家たちの表現――たいていはフランス語による表現――のなかにベルベル的インスピレーションではないにしても、ベルベル・ノスタルジーを見いだそうとするのも、時期尚早であろう。しばしば過去を再構築しようとしているが、しかし実際には現代的様式のなかに取り込まれている歌や踊りについても、同様のことが言えよう。

おそらく、これらのイメージは、我われが、深遠なアイデンティティーの源を、思想の表現様式からというよりもむしろ、思想、それ自体から理解するのを助けることになるだろう。

本書の冒頭で述べたイブン・ハルドゥーンの言葉をもう一度述べよう。「我われは、ベルベル人というのが、常に、強く、恐るべき人びとであり、勇敢で多数の集団から構成されていたということを証明する一連の事実を述べてきたと思う……」

確かに、彼らは大きな人口を抱えた民族であったし、現在もそうであり、おそらく人口は今も増え続けているだろう。しかしそのことは、彼らが西洋の人びとが使う意味でのネイションの土台を確立したとか、あるいは重要な経済的実態の基礎を築いたとかということを意味するものではない。

彼らの話す言語が何であれ――ベルベル語の一方言であれ、その起源がポエニ語にまで遡るアラビア語の一方言であれ――彼らは出自のゆえにベルベル人なのである。彼らは、非常に古い歴史をもつ二つの言語――それらはマグリブ地域に広がりさまざまな方言を有している――を身に纏って、マグリブ文明の緯糸を紡いだ人びとである。

文字という土台を持ったアラビア語は、媒介言語としてすぐに自らの価値を認めさせた。だからと言って、アラビア語がベルベルの信仰や民衆的伝統を変えることはなかった。マグリブ地域の現在の出版物は、圧倒的にフランス語である。

ベルベル人は、上述のように、マグリブの歴史の緯糸となってきた。彼らは、長いマグリブ史において立役者であった。それどころか、彼らはマグリブにやってきた諸民族の歴史に参加した。ローマ期には一定の期間、その政治的運命の流れを変え、フランスの政治や政治倫理に対しては、より長い期間、影響を与えた。ベルベル人たちがイスラームの発展に大きな役割を果たしたことは明らかであるが、同時に彼らは、厳格な禁欲主義の名において、あるいは道徳的、霊的な思想や概念の名において、アラブの諸王朝の華美な生活を激しく非難した。その非難には山岳民の怒りやベルベル人の〔平等性を志向する〕民族的反乱の意思――これは大きな論争の的でもあるが――も込められていた。

しかしながら〔このような倫理観や平等思想を示したのに〕ベルベル人たちの自己のクランへの愛は過剰なまでに強く、時にはそれが近隣のクランに対する憎悪の念として発展し、復讐の時まで彼らの間に共通の敵意識を持続させることになる。

〔地中海の〕北の国々への移住は、マグリブの人びとの精神のなかに、近代世界に対する彼らの立ち位置について二者択一的に選択をせまった。そこに参加するのか、しばらくは後退や態度の保留をしながら、そこへの参加を拒否するのか、という選択を。しかし、西洋との文化的衝突は不可避であったし、その一つの形態でしかない西洋による植民地支配はすでに彼らが経験したことである。だが、その結果もたらされる衝撃波の大きさは、予測不可能である。

民族学者の役割は、目の前に立ち現れた事実を研究することであり、研究によって知り、再構築した過去に愛惜の念を持ってはならない。民族学者は、自らの研究において、「純粋さ」や「真正さ」以上の考えを抱いてはならないのである。

マグリブは我われに、さまざまなレベルで異なる言語を話す諸集団が一つの文化的統一体を共有する、という事例を提供してくれる。

それは強調すべき重要なことである。つまり、言語と文化の境界は、必ずしも一致しないのである。そういう事例はごく一般的にみられることである。

副次的なことかもしれないが、次のような問題点にも気づく。それは、芸術や人びとの伝統の遺産を保存することを目的とする博物館は、一般的に理念を欠いたまま建設されている、ということである。博物館の収集品は――写真や映像、録音資料も同様に――その物品の精神生活や創作された理由も忘れ去られたために、〔それらが持つ〕象徴的な意味が明らかにされていないのである。

我われは、〔ベルベル人の〕芸術について、すなわちさまざまな表現方法を介した一つの思想が持つ深遠なアイデンティティーについて論じてきた。

良し悪しを述べることは我われの義務ではない。述べたいのは、この思想は存続するだろうということである。ベルベル人たちが、自らの過去の遺跡を壊したとしても、また彼らが時として、その方言や言語、伝統を忘れたり、軽視したりしたとしても、壊滅させることができないもの、それがこの思想なのである。

訳者あとがき

本書は、Jean Servier, *Les Berbères*, 6e édition（« Que sais-je ? » n° 718, 2017）の翻訳である。初版が一九九〇年であるので、二十七年間で六版を数えたことになる。この版の重ね方から、書名の「ベルベル人」は日本では決してなじみのある民族名ではないが、フランスでは広く知られた、というよりも特別の歴史的関係を有し、関心を引く民族であることが理解できよう。フランスはマグリブ植民地政策においてベルベル人とアラブ人の分断化政策をとり、植民地期以降、ベルベル人を優先的に労働者としてフランスに送り込み、独立後もベルベル系移民の流れは続いた。そのため二十世紀の後半までフランスにおけるマグリブ系移民の大半はベルベル人であった。二十世紀の前半からカビリー系ベルベル人が、二十世紀半ば以降はモロッコのスース地方出身のベルベル人がこれに次いだ。今日ではフランス在住のベルベル人は、一五〇〇万人から二〇〇〇万人と言われる（INALCO, Centre de Recherche Berbère）。彼らの中には単純労働者だけでなく、音楽や文化の分野で活動したり、大学等の研究機関で働いたりする者も少なくない。彼らの多くはフランス国籍を有しているが、ベルベル・アイデンティティーを保持しており、それがフランス社会におけるベルベル問題への強い関心の背景となっている。

（1）著者について

著者ジャン・セルヴィエはフランス植民地期の一九一八年、アルジェリアのコンスタンティーヌに生まれた。父親アンドレ・セルヴィエは、コンスタンティーヌで発行されていた新聞（*La Dépêche de Constantine*）の編集長の職にあったが、イスラームやアラブ問題の学術研究にも関心をよせ、イブン・イスハークの『預言者伝』やマグリブの生活習慣、エジプトやアルジェリアのナショナリズム運動などについて研究成果を残した。

著者は、大学はパリのソルボンヌに進学し、民族学を学んだ。第二次大戦ではフランス軍志願兵として参戦している。一九四九年から一九五五年までアルジェリアを中心にマグリブ地域のベルベル社会の現地調査を行い、また一九五〇年から一九五七年までC.N.R.S.（国立科学研究センター）の研究員として従事した。その後、モンペリエ大学人文学部教授として社会学と民族学の講義を担当、学部長もつとめた。二〇〇〇年五月一日、没。

彼がアルジェリアのオーレス地方で聞き取り調査を行っていたとき、一九五四年十一月一日、アルジェリア独立戦争が勃発した。オーレス地方は、アルジェリア人の武装闘争の発火点であった。彼は、軍の指揮官としてテロの被害にあったフランス人の救援活動にかけつけ、またその後、フランス領アルジェリアの防衛のために従軍しているようにアルジェリアには特別の思い入れがあったようである。アルジェリア戦争に関する著作には『アルジェリアにおける明日』*Demain en Algérie*（Robert

Laffont,1959）などがある。

学位論文は、カビリー地域の農民たちの儀礼と象徴に関する研究（一九五五年学位取得）で、一九六二年『歳月の門戸』*Les Portes de l'année* という題名で Robert Laffont 社から出版され、一九八五年『ベルベルの伝統と文明』*Tradition et civilisation berbères* という題名で Le Rocher 社から再版されている。彼は民族学的研究の中心に「伝統的諸文明」という概念をおき、方法論的には民族的、経済的還元主義に反対し、伝統的諸社会の人間の思想と行動を、物事に意味を与える神話や儀礼、象徴を介して分析し、明らかにした。

次に発表した『人間と不可視な存在』*L'Homme et l'invisible*（Robert Laffont,1964）は、対象を、アルジェリアから、時間的、空間的に広げて総体として伝統的諸文明と人間の行動を説明しようとした研究である。

第三の研究が、ユートピアの研究で、伝統的諸文明と対比しつつ、西欧文明の特異性を、ギリシアとローマという地中海文明から現代にいたるまでの時間軸を中心に解明したものである。この研究は『ユートピアの歴史』*Histoire de l'utopie*（Editions Gallimard, 1966）と『ユートピア』*L'Utopie*（PUF, 1979）として刊行され、どちらも邦訳（朝倉剛・篠田浩一郎の共訳）がある。前者が筑摩書房（1972）、後者が白水社（文庫クセジュ・1983）の出版である。

（2）本書について

本書は、ベルベル人（公式にはアマズィグ）についての知の総合化を試みた書である。著者がモンペリエ大学を定年退職後に出版したことからも、カビリー研究から始まった著者のベルベル研究の集大成の成果を一般書として著した書と言える。以下、本書の要旨を述べよう。

　「日没の島」ジャズィーラ・トゥル・マグリブ、として表現されるマグリブの地の最古の住民、ベルベル人は、この地の歴史の経糸となってきた民族である。アウグスティヌスやイブン・ハルドゥーンは、ベルベル人をカナン人の子孫と考えているが、そう断言することは難しい。というよりも、彼らは、穀物栽培の文明を共有する、様々な文明圏からやって来た多様な集団――エジプト人、エーゲ海人、リビア人、フェニキア人、ポエニ人、地中海の島々の民、ローマ人など――の生き残りであり、さらにイラン高原から移住してきた遊牧民の痕跡でもあった。しかしこの一見、ばらばらな人びとからなるベルベル人の世界には地中海文明の継承者としての深い統一性が見いだされる。

彼らは、フェニキア、ローマ、アラブ、トルコ、フランスといった侵入者に対し、山岳地に逃げ、反乱を企て、また再結集をした。それが今日のベルベル系住民の主な居住地を形成した。

ベルベル語の起源はフェニキア・ポエニ語と考えられるが、互いの理解が困難な程、方言差が大きく、共通の言語的統一性を欠き、書き言葉もなかったために、アラビア語やフランス語が入ってくると両言語の役割が増した。

しかし、言語と文化は一致しないのが普通であり、言語的統一性がなくとも文化的統一性は確立しうる。すなわちベルベル人たちの統一性を確立させているものは、現世においても来世においても、クランを重視し、その上に築かれた「ベルベル的思想の不変要素」である。死者は、墓の守護者として生者を守っているのである。死者と生者という相対立する二つの要素が補完的に結合するという思想は、地中海文明の古い二元論である。永遠に対立する二つの原理が、補完的に結合することによって統一性が生まれる、という思想である。二元論はさまざまな社会組織や政治組織の中に見出される。例えば、家庭は、光としての男と闇としての女の補完関係によって築かれる。村や部族は、高地のソフ（部族同盟）と低地のソフに分けられ、両者が対立と補完関係を有すること、身体に宿る二つの精神――植物精神「ナフス」と、不可視な者から与えられる鋭敏な精神「ルーフ」――が民衆の農業儀礼や聖地巡礼に関わっていることなどである。

ベルベル的思想の不変要素は次のようにも説明される。復讐の共同体として認められた家族、クラン、都市、そして部族は、ジャマーアによる禁止事項の設定によって秩序が保たれること、女性は市場や労働から排除されるが、家の大黒柱であり、フルマ（聖域性、庇護領域）を有し、さらに反乱の指導者として役割を果たすこと、精神世界を物質世界よりも上に置く、精神性優位の思想は、ベルベル人を、ドナトゥス派の支持、ハワーリジュ派やスーフィー伝道師の歓迎、マフディーの希求、アラブの諸王朝の華美な生活や腐敗に対する激しい非難へと向かわせたことなど。また歌、服装、住宅、季節と食事の関係などに見える文化的、芸術的オリジナリティーも指摘される。そうした指摘をした上で、著者は次のようにも述べる。（地中海の）北の国々への移住は、マグリブの人びとの精神の中に、近代世界に参加するのか、しばらくは後退や態度の保留をしながら、そこへの参加を拒否するのか、という選択をせまった。いずれの選択をするにせよ、西洋との文化的衝突は不可避であり、その結果もたらされる衝撃波の大きさは、予測不可能である。最後に、著者は古代の地中海世界に築かれたベルベル思想の持続性を述べて、本書の結びとしている。

以上のように本書は、言語学、考古学、歴史学、民族学、社会学、建築学、芸術や食文化、服飾など多様な側面から論じた、ベルベル人に関する知識の総合的分析である。ベルベル文明を地中海世界の中に位置づけ、その古代から継承された「伝統的社会」の物事に隠れた神話や儀礼、象徴の分析によって、ベルベル人の思想・行動・文明の統一性と不変性を明らかにした書と言えよう。

翻訳作業は次のようにすすめた。先ず第一章から第四章までを野口が、第五章から結論までを白谷が担当し、その翻訳文を作成した。この下訳をもとに、野口、白谷、私市の三人が（二〇一七年六月ころから）月一回程度、上智大学の研究室に集まり、逐一翻訳文の検討を行った。全文の訳文のチェックを終えた後、私市が最初から原文とつきあわせ、再度の訳文の見直しを行った。それを終えたのが二〇二〇年三月で、コロナ感染が広がり始めたときであった。この再チェックを終えた後、三人がオンラインによる訳文確認を数回にわたって行った。従って、翻訳の全文について三人が共同責任を負う。

上記のように本書は多分野にわたる内容のため、多くの専門研究者の助言を得る必要があり、ローマ・キリスト教史研究者の豊田浩志先生（上智大学名誉教授）、アウグスティヌス研究者の山田望先生

（南山大学）、ローマ期の北アフリカ史がご専門の大清水裕先生（滋賀大学）、文化人類学者でエジプトとリビアの遊牧民、および民衆イスラームの研究をされている赤堀雅幸先生（上智大学）、同じく文化人類学者でモロッコ社会を研究されている斉藤剛先生（神戸大学）に専門的立場からご教示を受けた。お礼を申しあげます。とくに大清水先生には、ローマ期の北アフリカ史とラテン語史料の訳文について何度も質問をし、丁寧なご説明を受けた。深甚より感謝申し上げます。

最後に本書の出版をすすめてくださり、長い時間、辛抱強くお待ちいただいた白水社編集部の小川弓枝さんに心よりお礼を申しあげます。

訳者を代表して・私市正年

訳者略歴

私市 正年（きさいち まさとし）

北海道大学文学部卒，中央大学大学院（東洋史学専攻）博士課程修了，博士（史学）．上智大学名誉教授，順天堂大学講師．専門は，マグリブ（北アフリカ）・イスラーム史，イスラーム運動の研究．主著に『北アフリカ・イスラーム主義運動の歴史』（白水社，2004年），『サハラが結ぶ南北交流』（山川出版社，2004年），『マグリブ中世社会とイスラーム聖者崇拝』（山川出版社，2009年），（編著）『アルジェリアを知るための62章』（明石書店，2009年）など，訳書（中島節子と共訳）にシャルル=ロベール・アージュロン著『アルジェリア近現代史』（白水社，2002年）など．

白谷 望（しらたに のぞみ）

ニューヨーク州立大学バッファロー校教養科学部学際的社会科学プログラム卒，上智大学大学院博士課程修了，博士（地域研究）．愛知県立大学外国語学部准教授．専門は，マグリブ諸国の政治，比較政治学．主著に，『君主制と民主主義——モロッコの政治とイスラームの現代』（風響社，2015年），『アラブ君主制諸国の存立基盤』（共著，アジア経済研究所，2017年），『「アラブの春」以降のイスラーム主義運動』（共著，ミネルヴァ書房，2019年），「現代モロッコにおけるアマズィグの政治的役割」（『中東研究』526，2016年）など．

野口 舞子（のぐち まいこ）

お茶の水女子大学文教育学部卒，お茶の水女子大学大学院博士課程修了，博士（人文科学）．日本学術振興会特別研究員（PD）．専門は，前近代マグリブ・アンダルス（イスラーム・スペイン）史，イスラーム史．主要論文に「ムラービト朝におけるバイアの変遷と統治の正当化」（『東洋学報』96-4，2015年），「12世紀前半におけるムラービト朝のマグリブ支配：ウラマー，スーフィー，聖者との関係から」（『イスラム世界』88，2017年），Communicating a Biography: A Comparison of the Maghribi-Andalusi and Mashriqi Sources on al-Qāḍī ʿIyāḍ, in Maribel Fierro and Mayte Penelas eds., *The Maghrib in the Mashriq*（De Gruyter, 2021）など．

参考文献目録

アイス◈Heiss (Aloïs), *Description générale des monnaies antiques de l'Espagne*, Paris, Imprimerie nationale, 1870.

アウグスティヌス①◈Sancti Avreli Avgvstini; *Epistolae ad Romanos inchoata expositio* 13/ recensuit Ioannes Divjak; Vindobonae, Hoelder-Pichler-Tempsky, 1971.

―― ②◈*Epistolae ad Romanos* LXXVIII, 269; John E. Rotelle, *The Works of Saint Augustine: A Translation for the 21st Century*, Letters 1-99, New York, New City Press , 1990, p. 305.

アノトー&ルトゥルノー◈Hanoteau (Adolphe) et Letourneaux (Aristide); *La Kabylie et les coutumes kabyles*, Paris, Challamel, 1893, t. I-III.

アルジェリア総督府◈Gouvernement général de l'Algérie; *Catalogue descriptif et illustré des principaux ouvrages d'or et d'argent de fabrication algérienne*, Alger, Léon, 1900.

イザーリー◈'Idhārī (Ibn), *al-Bayān al-Mughrib fi Akhbār al-Andalus wa-l-Maghrib*, Beyrouth, Dar al-Arabia lil-kitab, t. 1, 1983.

ウェスターマルク①◈Westermarck (Edward); *Ritual and Belief in Morocco*, t. I et II, London, Macmillan, 1926.

―― ②◈*Marriage Ceremonies in Morocco*, London, Macmillan, 1914.

ウォルフェル◈Wölfel (Dominik Josef); «Die Kanarischen Inseln, die Westafrikanischen Hochkulturen und das Alte Mittelmeer», in *Paideuma, Mitteilungen zur Kulturkunde*, Bd IV, 1950, p. 231-253.

エヴァンス・プリチャード◈Evans-Pritchard (Edward Evan); *The Sanusi of Cyrenaica*, Oxford, Clarendon Press, 1949.

ガードナー◈Gardner (Gerald Brousseau); *The Meaning of Witchcraft*, London, The Aquarian Press, 1959.

カレイ◈Carrey (Emile); *Récits de Kabylie*, Paris, Michel Lévy Frères, 1858.

カン◈Camp (Gabriel); *Aux origines de la Berbérie. Monuments et rites funéraires protohistoriques*, Paris, Arts et Métiers graphiques, 1963.

グセル◈Gsell (Stéphane); *Histoire ancienne de l'Afrique du Nord* (t. I, 1913; t. VIII, 1929), Paris, Hachette.

栗田伸子◈（共著者：佐藤育子）『通商国家カルタゴ』講談社学術文庫，2016.

グルーネル◈Gruner (Dorothee); *Die Berber Keramik*, Wiesbaden, Franz Steiner Verlag, 1973.

コーラ・アリェーリチェ◈Cola-Allerich (Julio); *Amuletos y tatuajes marroquíes*, Madrid, Instituto de Estudios Africanos, 1949.

ゴールトツィーヘル◈Goldziher (Ignác); *Le Culte des ancêtres et le culte des morts*

chez les Arabes, Paris, Leroux, 1885.
コリップス ◆ Corippe; « La Johannide », trad. J. Alix, *Revue tunisienne*, t. VI, 1900, p. 273.
サルスティウス ◆ （栗田伸子訳）『ユグルタ戦争　カティリーナの陰謀』岩波文庫，2019，p. 287，註6.
サルモン ◆ Salmon (Georges); « Notes sur Salé », *Archives marocaines*, vol.III, 1905.
シェロード ◆ Chelhod (Joseph); *Introduction à la sociologie de l'Islam*, Paris, G.-P. Maisonneuve, 1958.
ジャック・ムニエ ◆ Jacques-Meunié (Denise); *Architectures et habitats du Dadès. Maroc présaharien*, Paris, Klincksieck, 1962.
ジャディル ◆ Djadir (Saad, al-); *Arab and Islamic Silver*, Essex, Stacey International Rayleigh, 1981.
シャボ ◆ Chabot (Jean Baptiste); *Recueil des inscriptions libyques*, Paris, Imprimerie nationale, 1940.
シャントロー ◆ Chantreaux (Germaine); « Le tissage sur métier de haute lisse à Aït Hichem et dans le Haut-Sebaou », *Revue africaine*, 1941, p. 227.
ジュリアン ◆ Julien (Charles-André); *Histoire de l'Afrique du Nord*, Paris, Payot, la deuxième édition, t. I, 1951, t. II, 1952.
セグロ ◆ Segro (M.); *Rivista geografica italiana*, XXXIV, 1927, p. 72-80.
セルヴィエ① ◆ Servier (Jean); *Actes du Congrès international des sciences anthropologiques et ethnologiques*: Vienne-Autriche, 1952 t. III, (publié en1956).
—— ② ◆ *Tradition et civilisation berbères. Les portes de l'année*, Paris, Monaco, Ed. du Rocher, 1985.
—— ③ ◆ « Une caste sacerdotale de « lieurs », les Mrabtin de Kabylie », *Ethnologiques. Hommages à Marcel Griaule*, Paris, Hermann, 1987.
—— ④ ◆ *Chants de travail et chants de circonstances des femmes de l'Aurès* (inédit).
—— ⑤ ◆ *Chants de femmes kabyles*, in « Collection universelle de musique populaire » enregistrée, établie par Constantin Brailoiu (1951-1958), in *Archives internationales de musique populaire du Musée d'ethnographie de la ville de Genève* (Disque I VDE-30-425).
ダレ ① ◆ Dallet (R.P. Jean-Marie); *Le Verbe kabyle*, Fort-National, FDB, 1953.
—— ② ◆『カビリー語−フランス語辞書』, *Dictionnaire kabyle-français (Parler des At Mengellat)*, Paris, SELAF, 1982-1985.
ドゥヴルデル ◆ Devulder (R.P.); « Peintures murales et pratiques magiques dans la tribu des Ouadhias », *Revue africaine*, t. XCV, 1er et 2e trimestres, 1951, p. 63-102.
ドゥザンジュ ① ◆ Desanges (Jehan); *Catalogue des tribus africaines de l'Antiquité classique à l'ouest du Nil*, Dakar, Université de Dakar, 1962.
—— ② ◆『古代アフリカの文献目録概要』*Bibliographie analytique de l'Afrique antique, 1960-1962. Bulletin d'archéologie algérienne*, t. I, p. 277-301, Ed. de

Boccard, et t. II, p. 315-341.
——— ③ ◆ *Ibid., 1966 à 1967*, Ed. de Boccard.
ドゥステーン ① ◆ Destaing (Edmond); *Etude sur le dialecte berbère des Beni Snous*, Faculté des Lettres d'Alger, Paris, Ernest Leroux, 1914.
——— ② ◆ *Fêtes et coutumes saisonnières chez les Beni Snous*, Alger, A. Jourdan, 1907.
ドゥテ&ゴーチエ ◆ Doutté (Edmond) et Gautier (Émile-Félix); *Enquête sur la dispersion de la langue berbère en Algérie*, Alger, A. Jourdan, 1913.
ドナルドソン ◆ Donaldson (Dwight Martin); *The Shi'ite Religion*, London, Luzac, 1938.
トリミンガム ◆ Trimingham (John Spencer); *The Sufi Orders in Islam*, Oxford, The Clarendon Press, 1971.
トンプソン ◆ Thompson (George); *Studies on Ancient Greek Society. The Prehistoric Egean*, London, Lawrence & Wishart, 1949.
バセ A. ① ◆ Basset (André); *Etudes de géographie linguistique en Kabylie*, Paris, Ernest Leroux, 1929.
——— A. ② ◆ *Atlas linguistique des parlers berbères, Algérie*, Alger, 1936-1939.
——— A. ③ ◆ *Le Berbère à l'Ecole nationale des langues orientales vivantes*, Paris, Imprimerie nationale de France, 1948.
——— A. ④ ◆ *La Langue berbère*, London, Oxford University Press, 1952.
——— A. ⑤ ◆ *Textes berbères de l'Aurès (Parler des Aït Frah)*, Paris, Adrien Maisonneuve, 1961.
——— A. ⑥ ◆ *Textes berbères du Maroc (Parler des Aït Sadden)*, Paris, Librairie orientaliste Paul Geuthner, 1963.
バセ A. & ピカール ◆ Basset (André) et Picard (André); *Eléments de grammaire berbère (Kabylie-Irdjen)*, Alger, Editions « La Typo-Litho » et J. Carbonel réunies, 1948.
バセ H. ① ◆ Basset (Henri); *Essai sur la littérature des Berbères*, Alger, Jourdan, 1920.
——— H. ② ◆ *Le Culte des grottes au Maroc*, Alger, Bastide-Jourdan, 1920.
バセ R. ① ◆ Basset (René); *Etudes sur la Zenatia de l'Ouarsenis*, Alger, Jourdan, 1885.
——— R. ② ◆ *Mémoires de la Sociétés de linguistique de Paris*, t. IX, 1er fascicule, Paris, 1895, p. 90-91.
——— R. ③ ◆ « Berbers and North Africa », in Hastings, *Encycl. of Religion and Ethics*, Edinburgh, T.&T. Clark, 1909.
ハルドゥーン ◆ Khaldoun (Ibn); *Histoire des Berbères et des dynasties musulmanes de l'Afrique septentrionale*, trad. de Slane, Paris, Geuthner, 1925, t. 1-4.
ビアルネイ ◆ Biarnay (Samuel), *Etude sur les dialectes berbères du Rif*, Paris, Ernest Leroux, 1917.

フーコー①◆Foucauld (Charles de); *Poésies touarègues*, Paris, Ernest Leroux, 1925-1930.

――― ②◆*Dictionnaire touareg-français. Dialecte de l'Ahaggar*, t. I-IV, Paris, Imprimerie nationale, édition dirigée par André Basset, 1951.

ブルンシュヴァイグ◆Brunschweig (R.); *Die Verwandtschaft des Baskichen mit der Berbersprachen*, 1894.

フロベニウス◆Frobenius (Leo); *Volksmärchen der Kabylen* (I-III), Iena, Eugen Diederichs, 1921.

ベギーノ◆Béguinot (Francesco); «Di alcune inscrizioni in caratteri latini e in lingua sconoscuta trovate in Tripolitania», *Rivista degli studi orientali*, vol. 24, p. 14-19.

マルティネス◆Martinez (Nicole); *Essai sur les aspects symboliques et religieux de la poterie à Azemmour (Maroc)*, thèse 3e cycle Lettres, Montpellier-III, 1966.

モティリンスキー◆Motylinski (Adolphe de Calassanti); *Le Djebel Nefousa*, Paris, Ernest Leroux, 1898.

ムソー◆Musso (Jean-Claude); *Dépôts rituels des sanctuaires ruraux de la Grande Kabylie*, Paris, Arts et Métiers graphiques, 1971.

ユーデル◆Eudel (Paul); *L'Orfèvrerie algérienne et tunisienne*, Alger, Jourdan, 1902.

ラウスト①◆Laoust (Emile); *Mots et choses berbères*, Paris, Challamel, 1920.

――― ②◆*Contes berbères du Maroc*, Paris, Larose, 1949.

ラスッル◆Lasserre (Jean-Marie); «*Ubique Populus*», *Peuplement et mouvements de population dans l'Afrique romaine*, Paris, CNRS, 1977.

ラリェーア・パラスィン◆Larrea-Palacín (Arcadio de); *Cancionero del Africa occidental española*: I. *Canciones Juglarescas*; II.*Canciones populares de Ifni*, Madrid, Instituto de Estudios Africanos, 1956-1957.

レイソー◆Reysso (Fenneke); *Des Moussems du Maroc*, Enschede, Sneldruck, 1988.

ローゼンタール◆Rosenthal (Franz) (trad.) (abrégée par N.J. Darwood); *The Muqaddimah*, London, Routledge and Kegan Paul: Secker and Warburg, 1978.

ロート◆Lhote (Henri); *Les Touaregs du Hoggar*, Paris, Payot, 1944.

文庫クセジュ　Q 1047

ベルベル人　歴史・思想・文明

2021年 9 月15日　印刷
2021年10月10日　発行

著　者　　ジャン・セルヴィエ
訳　者 © 私市正年
　　　　　白谷　望
　　　　　野口舞子
発行者　　及川直志
印刷・製本　株式会社平河工業社
発行所　　株式会社白水社
東京都千代田区神田小川町 3 の 24
電話　営業部　03（3291）7811 / 編集部　03（3291）7821
振替　00190-5-33228
郵便番号　101-0052
www.hakusuisha.co.jp

乱丁・落丁本は，送料小社負担にてお取り替えいたします．

ISBN978-4-560-51047-6

Printed in Japan

文庫クセジュ

歴史・地理・民族（俗）学